心理育儿书系003
父母与孩子的心灵通路

会爱的父母养育闪光的孩子

畅销韩国的"小蓝爸爸深爱育儿法"

（韩）崔熙树 著

杨俊娟　荀晓宁　申细林 译

科学普及出版社

·北 京·

图书在版编目（CIP）数据

会爱的父母养育闪光的孩子：畅销韩国的"小蓝爸爸深爱育儿法" /（韩）崔熙树著；杨俊娟，荀晓宁，申细林译.—北京：科学普及出版社，2012.6
ISBN 978-7-110-07700-9

Ⅰ.①会… Ⅱ.①崔… ②杨… ③荀… ④申… Ⅲ.①家庭教育 Ⅳ.①G78

中国版本图书馆CIP数据核字（2012）第048683号

出 版 人	苏 青
策划编辑	任 洪
责任编辑	侯满茹 何红哲
责任校对	孟华英
责任印制	张建农
封面设计	欢唱图文制作室 吴凤泽
排版设计	青青虫工作室

出版发行	科学普及出版社
地 址	北京市海淀区中关村南大街16号
邮 编	100081
发行电话	010-62173865
传 真	010-62179148
投稿电话	010-62103315
网 址	http://www.cspbooks.com.cn

开 本	880mm×1230mm 1/32
字 数	206千字
印 张	10.125
版 次	2012年6月第1版
印 次	2012年6月第1次印刷
印 刷	北京长宁印刷有限公司印刷

书 号	978-7-110-07700-9/G·3276
定 价	32.00元

（凡购买本社图书，如有缺失、倒页、脱页者，本社发行部负责调换）

本社图书贴有防伪标志，未贴为盗版

读懂孩子，养育过程就像小溪一样自然流淌

"我的孩子以前很乖很听话，可现在变得不管做什么都要赖。"

"我实在不知道该怎么面对孩子，整天让他这样那样，真的很辛苦。"

"我每周都必须去一次海边，否则真的会烦死累死。"

……

演讲结束以后，妈妈们向我表述各式各样的"抱怨"。大部分妈妈都抱怨养育孩子非常辛苦。但是对孩子是如何长大的，对孩子的发育过程和心理变化，她们的认识却非常有限，而且往往带有不少偏见。这让我感到非常惊讶。两千多场演讲，与无数妈妈听众的问答互动，让我认识到这样一个问题：为了进行自我认识，孩子在向智慧与情感并存的成长阶段迈进过程中，会做出一些违背父母价值观和意愿的行为。这时候，父母认为孩子做错了，会指责甚至打骂孩子。这样一来，就让亲子关系的建立变得非常困难。

在这个世界上，没有哪个孩子可以自主选择父母。而我们在为人父母之后，如果不了解孩子的心理成长与发育过程，即使怀着百分之百的疼爱，所做出的事情也有可能阻碍孩子的成长，导致孩子叛逆。这时候，可能就不得不选择无条件地放任和顺从。这让养育孩子的过程变得充满坎坷。

我的两本书《小蓝是这样成才的》与《和爸爸一起读书》，从几年前出版一直到现在，都是受到大家欢迎的畅销书。很多妈妈把书中介绍的方法，直接或加入自己的创意后应用到孩子身上。听她们介绍自己孩子的情况时，我也常常是大吃一惊并艳羡不已。

"我的孩子现在7个月，已经能到处走了。他很喜欢汽车，会自己找出他喜欢的有关汽车的书，并让我念给他听。"

"我的孩子15个月就已经能认字了。现在6岁，无聊的时候，他就读妈妈曾经读过的《罪与罚》。"

这些妈妈，因为能深入了解孩子的内心世界，在日常与孩子相处的时候，感到非常轻松，在养育孩子方面根本不需要花费很大的力气。从孩子来讲，在父母的疼爱与关怀中，孩子会把内心蕴藏的力量全部发挥到自己所喜欢的领域中。在别人看来，这样的孩子成长发育很快。

父母理解孩子的心理成长过程，孩子也会表现得非常合作。这时候，养育孩子就不再烦恼，而变成一件很幸福的事。

会爱的父母养育闪光的孩子
畅销韩国的"小蓝爸爸深爱育儿法"

"如果能细心关注孩子，并对孩子的举止作出敏感的反应，孩子一定会幸福地成长为有用之材。"一年前，一位听过我的演讲，看了70多本育儿书籍，同时自己也育有子女的妈妈这样说。的确，只要父母不妨碍孩子的成长，孩子是会自己长大的。

　　由于工作的缘故，我曾读过几百本育儿书，但是，支离破碎的知识，很难对孩子的整个心理发育过程有系统完整的解释。理论书籍中的知识固然很丰富，但这些理论并不能完全照搬到实际情况中。孩子突然哭闹、撒娇、耍赖的时候，这些理论可能就派不上用场了。

　　自从有了儿子小蓝以后，我从未间断过学习，并通过无数次讲演与几十万名妈妈接触来获得知识。其实我获得的大部分知识，在菲茨休·达森①博士《怎样做父母》这本书中都已经写过了。菲茨休·达森博士不仅是美国著名的心理学家、教育学家，他还有着30年的幼儿园管理经验。即使是在几十年后的今天，达森博士书中的道理依然鲜活，充满说服力。

　　每次看达森博士的书，我都会边看边遗憾，因为如果在小蓝更小的时候我就读到这样的书，一定会少犯些错误，少走些弯路。

　　如果能让更多妈妈们也读到这本书，养育孩子的过程一定会更加顺利。怀着这样一种心情，我决定把达森博士的书"复制"在小蓝网②上。于是，我四处寻找著作权人，或许是因为时间太

---

　　①菲茨休·达森（Fitzhugh Dodson,1923—1993），美国著名的心理学家、教育学家，著有《怎样做父母》《怎样做父亲》等多部著作。——译者

　　②小蓝网，韩国著名的亲子教育网站之一，创办人是本书作者崔熙树——小蓝爸爸。在不断的摸索和总结中，崔熙树创造出一套独特的育儿方法，并通过小蓝网进行推广和传播。网址为www.purmi.com。——译者

读懂孩子，养育过程就像小溪一样自然流淌

久了，最终没能找到。

于是，我决定自己写一本书。我养育小蓝的指导思想与菲茨休·达森博士的理念是基本一致的。他的书已经出版了30年，我要在我的书中加入30年来新发现的一些儿童发育理论。此外，在小蓝网上有很多妈妈提出的，关于在养育孩子过程中遇到的苦恼等问题，我把这些丰富的实例添加到这本书里。我相信，这样的一本书，将是崭新而经典的。

懂得了孩子的发育过程，养育孩子的过程就会像小溪一样自然流淌。如果父母能够从孩子的眼神中读出他（她）的行为意义，并对孩子付出更多的爱与关怀，孩子就一定能够成长为心地善良，懂得关心别人的幸福英才。

小蓝爸爸　崔熙树

会爱的父母养育闪光的孩子
畅销韩国的"小蓝爸爸深爱育儿法"

目　录 >>> CONTENTS

第五章　学前期（36～72个月）：要帮孩子建立学习技能和态度

在这个世界上，没有哪个孩子可以自主选择父母。而我们在为人父母之后，如果不了解孩子的心理成长与发育过程，即使怀着百分之百的疼爱，所做出的事情也有可能阻碍孩子的成长。

第一章

育儿是一门学问，
每对父母都是初学者

　　为人父母，就是要充分利用科学知识，培
养孩子建立稳定、幸福、智慧与情感共存的人
格。为了实现这样的目标，父母必须怀着温暖
的关爱之心去照顾孩子，接受孩子。这是一件
非常琐碎、非常耗神的事，但也是世界上最有
趣、最有意义的一件事。

如果在结婚之初或者怀孕的时候就开始阅读这本书，相信你一定会在育儿的道路上走得更顺畅。不过，仅仅阅读一本书，当然不可能学到育儿知识的全部。这就如同考取了驾驶证，并不一定马上就能成为好司机一样。

这本书会成为帮助你读懂孩子内心的指南，但是，书中的内容，不要生硬地应用到每一个孩子身上。虽然每个孩子经历的成长过程和重点大体都是一样的，但是，孩子每一个又都是独一无二的，都有自己不同的个性与特点。因此，即使是同样的问题，每个孩子也可能会有不同的反应。

所以，当书中的内容与妈妈注视孩子眼神时所感受到的东西不同时，还是应该相信自己的感觉。因为生活中很多东西单纯用文字是无法完全表达的。

如果你已经是一位妈妈，读完这本书后，完全不必感到自责，更不要这样认为，"要是早点看到这本书，孩子学走路的时候，我就不会做那些傻事了！孩子说不定会比现在更好。"

如何当父母本来就是一件不容易的事情。因为一点失误就认为自己不称职，这种想法对成为好父母不会有任何帮助。你要做的就是，从现在开始，努力让自己成为合格的父母就可以了。

孩子们总有一天会像射出的箭一样，离开父母。然而在孩子长大成人之前，我们作为父母该为孩子做些什么呢？请认真阅读本书，充分了解为人父母的职责，然后为之而努力。

会爱的父母养育闪光的孩子
畅销韩国的"小蓝爸爸深爱育儿法"

如果能给孩子们提供同等的环境，
就一定能得到不相上下的结果。

01
孩子的成长存在一定法则

为人父母，就是要充分利用科学知识，培养孩子建立稳定、幸福、智慧与情感共存的人格。为了实现这样的目标，父母必须怀着温暖的关爱之心去照顾孩子，接受孩子。这是一件非常琐碎、非常耗神的事，但也是世界上最有趣、最有意义的一件事。

每次举办讲座时，看到听众们困惑和求知的表情，"育儿是一门学问"的命题就在我的脑海中变得越发强烈。我深深地感到：如果能给孩子们提供同等的环境，就一定能得到不相上下的结果。

父母的职责就是在正确的时候做正确的事

随着孩子慢慢成长，到了一定阶段，每个孩子都会表现出这个阶段特有的心理状态。如果父母在这个时候能够理解孩子的行为意味着什么，并对此作出正确的反应，孩子就能在不受压抑的环境中自由成长，充分发挥自己的潜能，并怀着感恩之心享受生活。这样成长起来的孩子必将拥有幸福的人生。

为了给孩子营造一个适宜的成长环境，父母在一定程度上要成为儿童心理专家，了解孩子在每个时期心理上的各种变化。当然，父母还是孩子最重要的早期教育者。

为人父母是不断学习和自我成长的过程

可是在现实中，没有一个课堂教父母怎样做这些事。虽然为人父母之后，我们都知道应该不断学习，但是大部分父母在养育孩子的过程中，没有机会接受到儿童心理学、教育学等方面的辅导和学习。

对所有人来说，为人父母也是不断学习和自我成长的过程。只要是学习，就会存在失误。而要想把这种失误的发生率降到最低，就要多听过来人的经验，并把这些经验应用到自己的育儿实际情况中。

在养育儿子小蓝的过程中，我这个新手爸爸花了大量的精力去判断某件事是对还是错。因此，来向我咨询的那些妈妈们，就可以避开我曾经历过的那些"陷阱"，在正确的指引下，为孩子创造一个更丰富的环境。只有打开窗户，风才能吹进来，同样，希望大家能敞开心扉，来接纳我这个过来人——小蓝和小绿的爸爸总结的育儿经验和知识。

永远不要忘记：在这个世界上，每个孩子都是独一无二的。

02 初为父母必然要经历的心灵洗礼

很多人刚当妈妈的时候，都听说过这样的说法：母爱和母性是与生俱来的本能，母亲会很自然地爱孩子，养育孩子。

"有母爱"和"做母亲"是完全不同的两回事

当然，每个人对孩子的爱都是自然流露，并且发自内心的。但是对于到底应该怎么养育孩子这个问题，很多人都很茫然。就算看了大量育儿书，听了许多育儿讲座，可是在与孩子面对面的时候，都会真切地感到，"有母爱"与"做母亲"是完全不同的两回事。

大部分妈妈会在某个瞬间突然醒悟：面前这个小小的生命，要由自己来全权负责。这种想法会让妈妈感到非常紧张，感觉到巨大的压力，同时也会为自己力量渺小而感到不安。

女性在生产之后，原先在身体中起主导作用的雌激素和孕激素，会在短时间内恢复到孕前水平。激素的这种剧烈变化，使大多数产妇情绪起伏很大，甚至会受到抑郁症的困扰。这会使产妇迫切地产生希望与人接触，和人在一起的要求。

因此，妈妈即使只是离开孩子一会儿，也会联想到，万一自己受到攻击或是遭遇危险，由谁来保护那个娇嫩的小生命。产妇也会因此在日常生活中，对所有的事都加倍小心，甚至还可能对一些原本平常的事情感到恐惧。这时候，产妇迫切地需要丈夫陪伴在身边。

新手爸爸很难一下子进入角色

即使孩子已经降生，大多数男人也还是无法一下子真正接受"自己已经成为爸爸"这个现实。实际上，在男人的内心里充满了茫然和紧张，他们不知道该如何面对这个刚出生的小生命。大部分丈夫都觉得，有了孩子以后，妻子把之前对自己的关注全部转移到了孩子身上，甚至下意识地把孩子看作自己的对手，忘了自己是"爸爸"这一身份。

我自己也是在小蓝出生后，经过了三个多月时间才真正意识到，自己已经是爸爸这个事实的。以前，小蓝妈妈总是希望能有更多的时间和我在一起，而有些大男子主义的我，根本理解不了妻子的这种心情。

每次妻子抱怨很累的时候，我都会说，"难道你生下来就是为了抱怨的吗？"这句话一次又一次地在妻子的内心留下伤害。因为那时候的我，根本不了解无法从丈夫那里获得安慰和关怀的妻子内心是怎样的。

很多妻子都承受着很大的心理负担，却理所当然地认为丈夫就应该是自由的，自己就应该没日没夜地照顾孩子。这些妻子没有任何娱乐活动，镜子里的脸庞与少女时代已经判若两人，身材也走了样……她们生活得如同看不到希望的怨妇。她们的丈夫呢？对妻子漠不关心，对孩子视若无睹……

这种情况甚至让一些年轻的妈妈对无辜的孩子产生怨恨之情。这些妈妈一方面深深地爱着孩子，另一方面又对孩子心生厌恶。反过来这又让妈妈感到深深的自责。情况严重的话，产妇甚至会因此患上抑郁症。

请相信，你的孩子一定会健康长大

初为人母的时候，对孩子产生一些厌烦的情绪，其实是很常见，也是很自然的。这时候，丈夫一定要理解妻子的心情，并对妻子更加关心。度过这段不适期以后，妻子的这种情绪就会消失，并完全沉浸到对孩子的无限疼爱之中。

很多妈妈都觉得，刚出生的孩子非常弱小，稍有差池就会铸成大错。慢慢地，她们就会发现，其实孩子并没有想象的那么脆弱。想想在我们人类最初的岁月里，在更不成熟的妈妈身边，孩子依然能健康成长。所以请相信，你的孩子一定会健康长大！

不过，刚刚升级为妈妈，每个人都会经历2～3个月"痛苦的心灵洗礼"。

　　尝试通过类似小蓝网这种父母交流的网站，和其他妈妈分享一些相同或类似的心情。这种交流其实是很有益处的，除了可以获得心灵上的慰藉，还能从其他妈妈那里获得一些育儿经验，得到一些育儿启发。

　　当然，不能只想着依赖别人。虽然可以学习别人的育儿经验，但这些经验也可能并不完全适合自己的孩子。每个孩子都有属于自己的路。永远不要忘记：在这个世界上，每个孩子都是独一无二的。

每个孩子都有属于自己的生活方式。这，是从一出生就开始的。

03
每个孩子的内心都蕴藏着独有的光芒

每个孩子，在这个世界上都是唯一的、独立的。从出生那一刻开始，他们的内心就蕴藏着一份自己独有的光芒，这或许连父母都不易发觉。有人觉得，我的孩子和育儿书里描写的"典型孩子"不一样。作为妈妈，真的不该先在心里为孩子设定一个理想模型的框框，然后总想着让孩子成为那样的模型。

从孩子降生那一刻起就要尊重其个性

孩子，就应该在想睡觉的时候睡觉，想吃饭的时候吃饭——走自己想走的路。每个孩子都有属于自己的生活方式。这，是从一出生就开始的。

因此，从孩子降生的那一刻开始，父母就应该尊重孩子的个性，帮助孩子依靠自己内心的力量独立成长。如果这时候父母能够完全接受孩子的一切，吃、睡，气质、心情，那么孩子在之后的成长阶段里，也将能够顺利成长。

如果总想让孩子遵守父母为他（她）确定好的框框，就会引发孩子强烈的抵触情绪。作为父母，也会觉得养育孩子很辛苦。如果父母对孩子采取接纳的态度，孩子反而会表现出合作的态度。这样一来，父母肩上的担子也会减轻不少。自由发展的空间，其实是父母可以给孩子的最好礼物。

不要催促孩子的成长

孩子在成长的过程中，要经历不同的成长阶段。格连·杜曼①博士著有很多育儿方面的畅销书，同时他也是物理治疗师和脑障碍治疗权威。他认为，大脑发育到更高级的阶段，孩子的成长阶段也会发生变化。

12个月之前是孩子大脑皮层发生期，18个月是原始皮层发育，36个月是初期皮层发育，72个月是成熟皮层发育。孩子会在不同的时期表现出不同的发育特点。在72个月之前与72个月以后，孩子会表现出完全不同的成长态势。比如，2岁和3岁之间发生的变化，与7岁和10岁之间的变化，会表现出巨大的

①格连·杜曼（Glenn Doman），于1940年毕业于美国宾夕法尼亚大学，1955年在美国费城成立人类潜能开发研究所，并开始从事脑损伤儿童的治疗研究。所发明的杜曼教学法早期主要用于脑损伤儿童的治疗，后来发现对健康儿童也有很好的作用。——译者

差异。

虽然每个孩子都会经历相同的成长阶段，但是，每个孩子又都有其独特的成长速度和成长方式。有的孩子需要花一年度过的阶段，有的孩子可能只要六个月就够了。

然而，在成长过程中，孩子必须要经历所有这些阶段。这个过程，不是父母催促孩子就可以跳跃过去的。每个阶段，都是下一个阶段的重要基石。

帮助孩子建立坚定且健全的自我认识

人类大脑的这个发育过程，是过去数十年间，很多科学家研究后得到的结论。72个月龄以内（0~6岁）的孩子，对自己建立起的自我认识，是其日后个性发展的基础。这决定了每个人拥有不同的未来。这种对自我的认识，如同心灵的罗盘，能否在日后的人生中获得成功，也取决于此。

在本书中，我将告诉大家，孩子的这种自我认识是怎样开始的，在72个月龄之前（0~6岁），孩子又是怎样成长的。当然，我最想告诉大家的还是，为孩子营造一个怎样的环境可以帮助他（她）拥有坚定且健全的自我认识。

在成长过程中，孩子必须要经历所有这些阶段。这个过程，不是父母催促孩子就可以跳跃过去的。每个阶段，都是下一个阶段的重要基石。

第二章

依赖期(0~12个月)：
给孩子无条件的爱

在孩子12个月之前，如果父母能够给孩子看世界的"眼镜"装上一副乐观的镜片，孩子就会成长为一个乐观的人；而如果装上的是一副悲观的镜片，孩子长大以后自然会对所有的事都感到悲观。因此，在依赖期给孩子的环境，必须要充分满足孩子的基本需求，让孩子能最大限度地发挥自己内在的潜能。

孩子降生之后，先是每天要有20个小时以上的睡眠时间。从睡梦中醒来以后，吃奶、拉撒、洗澡，然后就是继续睡觉。看到孩子这样，妈妈可能会觉得，孩子在这时候根本不需要学习，很多妈妈就在无所适从中让孩子度过了人生最重要的一个时期。

　　其实，孩子从一出生就开始了学习。孩子从出生一直到72个月，中间要经历依赖期（0~12个月）、学步期（13~18个月）、第一反抗期（19~36个月）、学前期（37~72个月）四个成长阶段。

　　依赖期，指的是从出生一直到会走路的这个阶段。大部分孩子都是在12个月左右会走路的。不过，走路早的孩子可能在9个月就会走了，走路晚的则在16个月才会走。

　　如果把孩子对这个世界的认识比喻成戴眼镜的话，那么在每一个成长阶段，都需要加一副新的镜片。依赖期的这副镜片，就是获得对人生的基本概念——"信任这个世界，还是不信任这个世界"。精神分析学家埃里克森①认为，这是一个学习对人生的基本信任感和幸福感，或者不信任感和悲哀感的时期。

　　孩子能否获得信任感与幸福感，完全取决于父母为其营造的环境。当孩子学会走路以后，就开始尝试支配周围的环境。但是，孩子在会走路之前的第一年，则要完全依赖父母。

　　在孩子12个月之前，如果父母能够给孩子看世界的"眼镜"装上一副乐观的镜片，孩子就会成长为一个乐观的人；而如果装上的是一副悲观的镜片，孩子长大以后自然会对所有的事都感到悲观。因此，在依赖期给孩子的环境，必须要充分满足孩子的基本需求，让孩子能最大限度地发挥自己内在的潜能。

　　这就意味着，在这个时期，孩子需要一个既充分刺激又使人安宁的环境。父母呢，当然要通过观察孩子的眼神，掌握孩子的每一点细微变化。

------

　　①爱利克·埃里克森（Erik H. Erikson，1902—1994），美国神经病学家，著名的发展心理学家和精神分析学家，新精神分析派的重要代表人物。——译者

01

听懂宝宝的哭声，满足宝宝的需求

及时满足宝宝的生活需求

当孩子饿的时候，不要耽搁，要马上给他（她）喂奶。喂母乳当然是最好的，不过，如果母乳不足，须要喝奶粉的话，也完全没有必要因此感到自责。只是，在用奶瓶给孩子喂奶的时候，最好能抱着孩子，让孩子感觉像吃母乳那样。

出生4个月的孩子，会因为饿而从睡梦中醒过来。孩子饿的时候立刻给他（她）吃奶，孩子就不会饿着睡觉了。孩子还会产生这样的感觉："吃奶真高兴""妈妈的怀抱真温暖""这个世界真好，只要我说饿了，就马上可以吃到奶"。

但是，如果妈妈不考虑孩子的这种生理节奏，只是严格按照规定的时间喂奶，孩子饿了也吃不到奶，他（她）就只能采取自己所知道的唯一方法——哭，来诉说自己的饥饿。

不喂奶的时间越长，孩子哭得就会越大声。他（她）是以此来告诉父母自己很饿，"这个世界真是个坏地方""我这样哭，这么饿，可没人给我吃的""我讨厌妈妈"。

如果总是反复出现这种情况，孩子就会用更加卖力的哭声来表示反抗，或者干脆放弃自己的这种需求。

选择反抗的孩子，日后会成为一个绝不放弃的人。无论周围的人怎样，这种人都会一直坚持，总是想要把周围的人都吸引过来。看到那种哭闹、耍赖的孩子，很多人都会觉得，"孩子只是为了吸引大家的注意"。其实，在依赖期（0～12个月）能从父母那里得到充分满足的孩子，长大之后很少为父母"制造"麻烦。选择放弃的孩子，则变得越来越消极，认为任何事都没有意义。长大后这种人无论选择什么，学到的都是对人生的怀疑。

哭声是宝宝的语言

孩子哭，一定是有原因的。通常，那是孩子在向父母传递某种信息。

孩子哭的时候，首先应该给他（她）喂奶。如果孩子表现出呕吐或者拒绝，表示不想喝奶的时候，就可以判断出孩子不是因为饿才哭，哭是另有原因的。

孩子的消化功能还不健全，经常出现因为胃痛或腹痛而哭闹的情况。这时候，最好能轻轻地帮孩子揉揉肚子，或者喂他

（她）喝一些热水。通常是，只要把孩子抱起来，即使肚子疼，孩子也会停止哭泣。

孩子哭闹，可以分为几种情况：希望妈妈抱；困了，想睡觉；要告诉妈妈自己哪里不舒服；出现紧急情况。如果孩子没发出刺耳的尖叫，没有表现出烦躁的情绪，那多半是为了与妈妈亲近而哭。这时候，只要妈妈抱起孩子，哭声马上就会停止，或者2~3分钟后，孩子很快入睡，根本不用过度担心。

但是，如果孩子突然哭闹，或者第一声哭声拉得很长，要考虑孩子是不是身体不舒服。如果只是想让妈妈抱，孩子的哭声是"哇——哇"，具有一定节奏。而身体不舒服的哭声则是"啊——呀——"，好像在呼喊一样，而且第一声哭声与第二声的间隔很长，还大喘气，紧接着就是哭个不停。

当孩子想要告诉妈妈出现了紧急情况时，哭声往往很突然，会给人一种急迫的感觉。如果是那种特别刺耳的哭声，即使是第一次听到的人，也会感觉到一定是出现了什么问题。

无论是哪种哭声，都是孩子向父母传递信息。两种不同的态度，对孩子的哭喊置之不理和随时留意，孩子所感受到的幸福感，会是天壤之别。所以，当孩子哭的时候，一定要在3秒钟之内赶过去。因为孩子哭，一定表示他（她）有某种要求。

如果父母在3秒钟以内跑到孩子身边，孩子就会知道，自己哭的时候听到跑过来的脚步声，那是父母对自己的要求作出的反应。这可以增强孩子的自我预测能力，并能够促进孩子的自我发育。

父母无条件的爱是宝宝幸福感的源泉

孩子在得到充分的睡眠后，就会醒过来。孩子的听觉，从出生时就开始发育，所以不要让特别嘈杂的声音吓到孩子。不过，也不必因为怕吵醒孩子就不敢走路、说话，这反而会导致孩子必须在安静的环境中才能入睡。就算家里有孩子，也可以像平时一样，该做什么就做什么，即使在其他房间看电视、听音乐也没有关系。

刚出生的孩子，只要吃完奶就会睡觉，对妈妈来说，这个时期的孩子哄起来很方便。但过一段时间后，孩子吃完奶后依然醒着，并且醒着的时间会越来越长，有时孩子睡觉还会出现"日夜颠倒"的情况。这时候，喂养孩子就变得很辛苦了。有的孩子会在半夜醒来，毫无来由地哭闹，不管怎么哄都没有用。这时候，妈妈可能会哄孩子哄得很烦，直到最后失去耐心。

所以，有些妈妈因为非常恼火就想冲孩子大喊，"不要哭了，求求你不要再哭了！"这时候，甚至想扔下孩子，独自逃到一个没有人的地方去。这其实是人们通常都会有的反应，所以，妈妈不必因此感到内疚和自责。

不过，如果因为孩子不停地哭闹就失去耐心而打孩子，就属于问题行为，须要接受专业医生的帮助了。孩子在夜里哭，作为父母，应该无条件地尽量抚慰他（她）。

儿子小蓝小的时候，因为我们是租住在别人家里，所以每次小蓝夜里哭的时候，我们就用被子裹着他到外面散步。为了对小蓝的要求作出快速反应，我们连给他穿衣服的时间都没有，经常是直接用被子裹上。如果小蓝在夜里12点哭闹起来，也是我抱着他，妻子跟在我身后，我们一起在小区里转圈。有时候走累了，刚想要回家，小蓝却好像知道似的，立刻又开始哭起来。没办法，我们只能继续转。往往是，等到小蓝沉沉入睡时已经快天亮了，我们才回家。小蓝算是很难带的孩子，但因为我和小蓝妈妈对他付出了百分之百绝对的爱，小蓝在婴儿时期的各种需求可以得到完全满足，现在的小蓝性格非常乐观开朗。

访问小蓝网的一位妈妈曾经要求和我见面聊聊。她说，孩子总是在夜里哭闹，她哄孩子的时候，甚至哄到连自己也跟着一起哭，这时候孩子就会哭得更凶。我告诉她，孩子哭的时候，一定要耐心哄，不必担心孩子因此会养成不良习惯。这之后，在那位妈妈辛勤的努力下，孩子终于顺利度过了那个时期。现在那位妈妈的孩子长大了，不再爱哭了，各方面发育都很好。

Q 孩子总是在半夜哭闹，怎么办？

每次半夜给孩子喂奶，都好像打了一场仗似的。以前，我不在夜里喂奶，也不给孩子奶瓶。可是有一次，为了不让孩子在夜里哭，我就给了他奶瓶，结果半夜吃奶就变成他的习惯，孩子常常会夜里起来哭着找妈妈。我很担心，这样会让孩子过分依赖别人。现在，孩子总是要赖，让人抱，而且要求越来越多。

孩子妈妈　家英

A 家英，你好！孩子就应该是想吃的时候吃，想睡的时候睡。只有这样，孩子才会感到满足，感觉"世界是个好地方，妈妈随时都会在身边照顾我"。这样长大的孩子，不但会记住妈妈细致入微的照顾，并把这种照顾回报给父母，还会把这种回报扩展到整个社会。

当孩子半夜醒来哭闹的时候，显然是表示孩子有什么需求。如果拒绝孩子的要求，有些孩子就会一直哭，不断表达自己的要求，有些孩子则哭一会儿就停止了。

一直哭的孩子，长大以后也会一直坚持自己的要求，如果要求不能得到满足，就会闹个天翻地覆。哭一会儿又继续睡的孩子，因为自己无论怎么要求，妈妈都好像没有听到，长此下去，这样的孩子长大后对任何事都会表现出屈从的态度。

因为父母的态度很坚决，孩子无法向妈妈提出任何要求，这就导致孩子的要求被压制。如果这种状态一直持续的话，孩子就会对这个世界充满不信任，无法发掘自己的潜能，也不会产生想要尝试的愿望。这样的孩子，表面上看很顺从，妈妈很省心，但实际上，孩子却在承受着无法正常发育的巨大压力。到了青春期以后，孩子的问题就会凸显出来。

并不是只有眼前能看到的东西要引起关注，隐藏在背后的孩子的心理状态，更应该是需要父母认真体察的。孩子对妈妈提出很多要求，可以理解为是孩子对妈妈有足够信任的证据。趁现在可以拥抱孩子的时候尽情多拥抱，可以背孩子的时候多多背他。孩子对这种抱和背的需求，是来自于人类本能的欲求。只有这些需求得到了满足，孩子才能幸福地成长。

Q 让孩子自己睡，有问题吗？

我曾经看过一本育儿书。书中说，孩子出生3个月以后，就能够学习自己睡觉的方法了，可很多父母因为不知道而剥夺了孩子的这种能力。所以，为了让孩子从小就养成良好的睡眠习惯，我选择了让孩子一个人睡。问题是，每次孩子哭的时候我都不管他，到了3个月，孩子哭得反而更凶了。过了几个月以后，孩子可以自己睡着，但醒来又大哭。到现在，孩子已经9个月了，情况还是没有改善。每次看到孩子，我都感到很内疚，觉得让孩子受苦了，心里真的很难受。

尹松妈妈

A 尹松妈妈有自己的原则，这很好。但你注视孩子眼神的时间似乎不够，因此也就不清楚孩子真正需要的到底是什么。

让我们回忆一下尹松妈妈的儿童时代。如果那时候她曾经感受过深厚而丰富的疼爱，那么，现在她就不会因为孩子睡觉、吃饭这些事情而苦恼。没有被疼爱的孩子，也不知道该如何爱别人，因为他们根本没有学习表达爱的机会。

对孩子来说，妈妈就是自己的生命：如果离开妈妈，谁给自己喂奶，谁哄自己睡觉，谁来照顾自己？因此，孩子会一直黏在妈妈身边。孩子哭，是用哭声要求妈妈来满足自己的要求。如果要求总是能得到满足，孩子就会对妈妈产生绝对的信任，觉得妈妈会一直在身边，任何时候都守护着自己。以后，孩子也会因为信任而顺利离开妈妈，选择一条独立的人生道路。

现在，把那些育儿书都扔到一边去吧。孩子哭闹，就是在向妈妈提出要求，要妈妈来填充爱的空白。当然，也有孩子对妈妈的依赖过于严重的情况，甚至连妈妈上厕所孩子都要跟着，影响到了妈妈的正常生活。这就会让妈妈觉得，养育孩子如同背负了一个沉重的包袱。

花更多的时间好好观察孩子吧。就算曾经让孩子哭，其实也还是有充足的改变余地的。不必担心，深深地去爱孩子吧。

在依赖期，哪怕是给孩子再多的
爱，孩子也绝对不会因此养成不良习惯。

02
通过肌肤接触，让宝宝
感受到充分的关爱

对这个时期的孩子来说，最重要的就是接受肌肤抚触。得不
到肌肤接触的孩子，无法获得对自我的信任。充分得到肌肤爱
抚的孩子，会认为自己具备值得被爱的价值，从而非常相信自
己。只有自我信任的孩子，长大后才能顺利离开父母，开始独立
的探索。

没有肌肤接触的孩子长不大

如果剥夺了孩子接受肌肤触摸的权利，会产生什么样的结果
呢？据记载，有人曾经做过一个残酷的试验。试验者很想了解人
类最初的语言到底是什么，于是选择了一些刚出生的孩子作为试

验品。任何人不得跟这些孩子说话，也不得与他们有肌肤接触。试验者设想，在没有给予任何刺激的情况下，孩子说出的第一句话就应该是人类最初的语言。然而，不幸的是，参与这个试验的所有孩子，都早早死去了。只吃饭，孩子是长不大的。这些孩子都是因为无法接受到肌肤抚触，或者说是，无法感受到充满母爱的照料而死去的。

父母应该多多拥抱孩子，让孩子感受到爱。很多妈妈认为，"要是孩子一哭就去抱他（她），孩子以后就会变得很娇气""应该尽早让孩子明白，这个世界不是随时都能让他（她）随心所欲的"，并因此不愿意娇惯孩子。

当然，如果是在精神上已经能够脱离幼儿行为的6岁孩子，还总是撒娇、耍赖的话，妈妈当然应该果断地拒绝。但对于依赖期（0~12个月）的孩子来说，无条件地宠爱应该更为重要。

在依赖期，哪怕是给孩子再多的爱，孩子也绝对不会因此养成不良习惯。父母每次抱孩子，与孩子有肌肤接触的时候，孩子除了会感受到自己被疼爱，还会因此与父母形成良好的关系。这种关系，也会成为孩子日后人际交往的基石。社交的基础，就是从父母与子女之间的和谐关系开始的。

如果能与孩子形成融洽的关系，孩子就能够感受到这种关系。对于孩子所需要的如果父母都能给予满足，孩子就会对人生产生信任。这种环境下长大的孩子，到周岁的时候，就会有明确的自我认识，并形成对所有事情都能客观思考的基础。

依赖期是爸爸与孩子形成亲密关系的黄金时期

这个时期，也是爸爸与孩子形成亲密关系的黄金时期。事实上，很多爸爸都不知道应该怎样养育孩子。面对新生儿，爸爸还会产生一种紧张感和无力感。一般来说，作为男人，从小就受到这样的教育：不能把紧张感和无力感告知给别人。因此，他们不愿意把这种感觉告诉妻子，只是围在孩子周围，却苦恼于如何与孩子形成亲密的关系。特别是，父亲比较严肃，家人之间很少有亲昵表达，在这样的家庭环境中长大的丈夫，大多会模仿自己的父亲，并把这种方式传递给自己的孩子。

丈夫的这种紧张感和无力感，是很难消除的。但是，在孩子处于依赖期的时候，妻子可以寻找一些能让丈夫参与的事情，为丈夫创造向孩子表达亲密感情的机会。当然，还要通过交流，把丈夫也拉到育儿的主要位置上。

比如，当丈夫抱着孩子的时候孩子哭了，丈夫很慌张，可能会马上把孩子交给妻子，认为养育孩子自己帮不上忙，挣钱养家才是自己应该做的。这时候，妻子就应该告诉丈夫，"孩子在妈妈肚子里的时候，就能通过语调和节奏，听懂妈妈说的话了。因为经常听妈妈细细的声音，所以孩子会觉得很亲切，对你的声音还不熟悉，所以孩子才会哭。不过，孩子很快就会习惯的。"以此来减轻丈夫的慌张。

另外，还应该多与丈夫交流关于孩子成长的话题，最好能多说一些称赞的话，比如孩子在哪方面发育得特别快，哪些行为和丈夫很像，等等。还可以让丈夫帮忙喂奶，拍拍孩子后背，给孩子洗澡、换尿布，等等。这样做，既能让丈夫分享到照顾孩子的乐趣，还有助于帮助丈夫与孩子形成亲密的关系。

如果妈妈疏于这方面的努力，爸爸又以工作忙为借口逃避这些事情，其实这是下意识中的一种自我欺骗。以后，爸爸想要和孩子形成亲密的关系时，孩子首先会拒绝爸爸。到那个时候，孩子已经长大了，爸爸无论说什么，孩子都会觉得爸爸是外人，根本不去理会。如果事情真的变成那样，便是爸爸人生中最大的不幸了。

小蓝小的时候我经常抱他，为了增加肌肤接触，即使是冬天，我也会脱去衣服，让他的身体贴着我。后来，小蓝每天一睁开眼睛，就会爬到我的身上，从肚脐一直亲到我的脸，嘴里喊着"博士，该起床了"，把我叫醒。我很喜欢与小蓝说话，他也表现出对我的绝对信任，并一直保持这种非常稳定的情绪，我想这就是肌肤接触所带来的效果吧。

会爱的父母养育闪光的孩子
畅销韩国的"小蓝爸爸深爱育儿法"

"零岁教育"应该从哪儿下手?

我是一个两个月孩子的妈妈。我听说过"零岁教育"的重要性,但自己却无从下手。"零岁教育"是不是就是给孩子读书,或者多跟孩子说话?要不然,就是多带孩子出去走走,给孩子看很多东西?另外,我听说应该让孩子尽量晚一点学走路,那么,"学步带"或者"安全座椅"与孩子的脊椎又有什么关系呢?

泰兴妈妈

A 泰兴妈妈,你好!所谓"零岁教育"的重要性,就是年纪越小开始,孩子接受起来越快,可塑性越强。

一般来说,孩子在0～6个月龄期间,睡眠时间很多,而从睡梦中醒来的间隙,孩子会接受并学习很多东西。从妈妈的脚步声,一直到风吹动树叶的声音,都会促进孩子的大脑发育。这时候,如果能为孩子提供丰富的刺激和多样化的环境,当然是非常重要的。

最重要的,还是通过与妈妈的肌肤接触,让孩子真正感受到关爱。因此,一定要多抱抱孩子,多亲亲他(她),多为他(她)做抚触。然后,应该认真去做的,就是要认为孩子可以听懂一切,多多跟他(她)说话。孩子是否能够听到丰富的词汇,对于日后的智力发育会有很大影响。

日常生活中的一切,对孩子来说都是教育。在大自然中,看到盛开的花朵,摸摸石头,玩玩泥土……这些全部都是学习。更重要的是要让孩子在这个过程中感受到爱。不过,如果没有书,往往会找不到话题，所以在与孩子交流的时候，准备一些亲子阅读书籍也是很必要的。

　　之所以要推迟学步期，是因为在肌肉还没有发育到可以行走时就早早地让孩子学走路，会损伤到孩子的脊椎。因此，父母对待孩子学走路的态度，一定要谨慎。"学步带"或"安全座椅"可以保护孩子，也能够方便活动，没有什么问题，可以放心使用。

能够给孩子带来丰富智力刺激的最
好玩具，就是父母自己。

03
丰富的刺激可以促进
智力与情感的发育

早期成长环境决定孩子的智力发育

刚出生的时候，孩子还无法分辨这个世界中的"自我"与
"非自我"。让孩子明确理解"自我"的概念，通常需要几个月
的时间。

稍微长大一些以后，孩子开始活动手指和脚趾，这是孩子在
表达一种发现了"自我"的喜悦。当孩子知道，自己可以随意活
动手指和脚趾的时候，会在一段时间里以此为乐。

通过丰富的直觉刺激，最初模糊的世界，会逐渐清晰地呈
现在孩子面前。正如著名的教育学家福禄贝尔[①]所说，孩子听到

①福禄贝尔（1782—1852），德国学前教育学家。曾办学前儿童教育机构（后命
名为幼儿园），组织培训幼儿教师，创办了一套幼儿教育体系。——译者

的、看到的越多，就会越想听、越想看。

从这个角度来看，孩子的智力发育与早期所接受的丰富智力刺激存在很大关系。当然，也存在一定的遗传影响。不过，遗传只能决定智商的上限和下限，孩子的智商在上限和下限的范围内到底处于什么位置，大部分都取决于孩子在72个月之前（0~6岁）所处的成长环境。

比如父母的遗传基因非常优秀，孩子的智商下限是100，上限是200；而有的父母可能遗传基因略差，孩子智商下限会是80，上限是180。父母虽然把优秀的基因遗传给孩子，但如果在早期没有给予孩子成长的最佳环境以及丰富的智力刺激，那么，孩子的智商可能只停留在100这个下限。相反，遗传因素略有落后的孩子，在早期如果父母为其提供良好的环境，积极地给孩子丰富的智力刺激，那么这个孩子就可以达到其能够发展到的最高智商水平，也就是180。

也就是说，父母的爱与关怀以及丰富的智力刺激，要比先天的遗传因素更加重要。即便孩子潜在的能力很强，但如果在成长的早期得不到来自父母的丰富智力刺激，那孩子的智力水平也只能停留在平均值或者更低。

父母的第一要务——与孩子相互注视并达成共识

能够给孩子带来丰富智力刺激的最好玩具，就是父母自己。父母对孩子的注视，与孩子的对话，带孩子走进大自然的体验，对孩子的称赞，与孩子一起玩耍，给孩子读书……所有这一切，都会对孩子的智力发育形成良性刺激。

与孩子在一起的时候，必须要专注。不管孩子在做什么，一定要看着孩子的眼睛，这就是所谓的"相互注视"。父母充满感情地看着孩子，其实并不是什么特别的事情，但对孩子来说，这就意味着他（她）与他人最初的交流很受重视。随着孩子不断成长，这可以让孩子学习到合作的关键：想要与别人共同工作，就要去关注对方。

电话铃声、水开了的声音，还有想要去打扫的想法等，都会打断与孩子的交流，因此一定要特别注意这些细节。孩子会产生一种本能的需求：当自己看着妈妈的时候，妈妈也应该注视着自己。

在孩子出生后4～6个月期间，父母要做的最重要一件事就是看孩子所看，与孩子"达成共识"。当孩子用兴奋的声音或动作指向某个玩具的时候，父母要如孩子期待的那样，能随着孩子的视线，准确了解孩子发出的信号和身体语言。孩子就会从中学习到应该怎样合作。但是，如果这个时期的这种"合作"失败了，孩子到了蹒跚学步的时期，会变得很自私。如，不懂得与其他孩子分享玩具，须排队等待的时候会推开其他的孩子，还常会因为一些小事而大发脾气。

Q **应该给孩子哪些刺激?**

我的孩子还不到两个月，每次我说给孩子读书的时候，别的人都很不以为然，甚至觉得我是个给孩子制造压力的心急妈妈。可是，当孩子哭的时候，如果我给他读书，他马上就咯咯地笑。我并没有想过以后一定要让孩子出人头地，但我觉得，在孩子需要各种刺激的时候，如果不给他刺激，就是妈妈的失职。现在我的孩子已经不想老老实实地在床上躺着了，我觉得他一定是需要新的刺激。但现在我每天要照顾孩子的生活，忙得连看书的时间都没有。我很想知道，像我这种情况的妈妈，应该怎么跟这个时期的孩子玩呢？

孩子妈妈　清

● ●

A 清，你好！没有人能比父母更了解孩子。如果孩子还没有达到一定的水准，妈妈就提前给孩子压力，那当然是不对的。但是，当孩子已经做好了接受的准备，却得不到刺激，那就是父母的失职了。

不要太介意别人说什么，完全不必因为别人的话而忽略了自己孩子的感受。只要专注于孩子目前的状况，以及孩子真正需要什么就可以了。孩子每一天都在成长，都在变化。作为父母，一定要细心而敏感，给予孩子所需要的一切。

孩子不想躺着，给他读书时也能专注地听一会儿，这些都是孩子发育快的证据。妈妈可以在游戏中发挥一些创造性。日常生活中的一切，其实都可以成为孩子的玩具。另外，请坚持给孩子读书，并经常带孩子走到自然环境中去。家务活并不重要，可以和丈夫商量一下，请他理解这段时间家里可能会乱一些。孩子睡觉的时候，妈妈也要适当休息，以便保持体力。

随着孩子的成长步伐，要为孩子创造可以集中注意力的环境。另外，当孩子表现出专注的神情时，尽量不要打扰他，这样他就会成为一个懂得享受人生的人。在孩子想要学习的时候，父母置之不理，就是父母太懒惰了。其实，在日常生活中可以进行很多活动来给孩子适当的刺激，比如画一幅画贴在冰箱上，然后指着画给孩子讲故事。只要妈妈换个思路，所有东西都能成为孩子的玩具。

04
多跟宝宝说话

　　多跟孩子说话，是非常重要的智力刺激。可能有人纳闷儿，跟还不会说话的小婴儿能说什么呢？方法其实很简单，妈妈可以一会儿扮演妈妈，一会儿扮演孩子，展开对话。

　　小蓝的妈妈总是抱着小蓝，这样跟他聊天。
　　"你几岁了？"
　　"我一岁了。"
　　"你叫什么名字呀？"
　　"我叫小蓝。"
　　小蓝能记住这些，并不是因为他比别的孩子聪明，而是因为妈妈把这些话重复了几十遍、几百遍。如此一来，怎么会记不住呢？通过这样的重复，父母就为孩子奠定了记忆的基础。

和零岁宝宝说话有技巧

说给孩子听的话，应该短小精悍，意思明确。如果能带有一些语音上的节奏，孩子会更容易捕捉到父母的声音，并认真倾听。

为孩子描述他（她）看的图画时所用词汇，最好也能有这方面的考虑，尽量带有一些节奏感。对孩子说话时，使用词语的时候，必须要准确。比如，球就应该说"球"，不要用"那个"来模糊指代。当然，也要尽量避免一些不准确的发音。

从4个月开始，孩子关注的东西越来越广泛。这时候，在与孩子对话时，最好多使用一些简短、可以吸引注意力的词汇。因为这些让人心情愉快，又比较简单的声音，很容易将注意力还不太集中的孩子吸引过来。

从出生2~3周，一直到6个月左右，父母模仿孩子的"咿咿呀呀"很重要。这样做可以让孩子感觉到，父母除了关心自己，同时也关心自己所发出的声音。孩子这种"咿咿呀呀"的频率就会因此增加，从而使其发音能力得到提高。如果自己的声音能从周围的人那里得到回应，孩子会感到非常愉快和兴奋。

从出生一直到3个月，孩子通常都会表现得被动和安静。但是，3个月以后，他们就会暴露出不安分的特点，总想要抓东西，什么都想摸一摸。这时候，孩子的脖子已经可以挺直了，只要不是冬天，完全可以多带孩子走出家门，到附近看看花，看看树，告诉孩子各种东西的名字，帮助孩子体会各种感觉。

带孩子走进自然环境，让他（她）看各种各样的植物。这时候，孩子会睁大眼睛，不断地扭头四处张望。拉着孩子的手让他（她）触摸，感受柔软与坚硬、粗糙与光滑、湿润与干涩，同时跟孩子说话。这样的过程，会让孩子的头脑迅速得到开发。

到9个月左右，孩子开始表现出一种新的能力，就是模仿父母的声音。这时候，父母要积极地用娃娃、玩具电话、玩具衣服等，和孩子一起玩模仿的游戏。就像孩子会把手里的玩具想象成一个实际的物品一样，在语言方面，孩子也会把一个单词看成一个对象的象征。所以这种模仿的游戏，可以很好地促进孩子的语言发育。

实际上，在和孩子玩打电话游戏的时候，如果同时跟他（她）展开对话，"爸爸接电话了""爸爸说，你好"，要比单纯摆积木游戏能跟孩子说更多的话。另外，这样还能增加使用象征词的机会，孩子的语言能力能够得到快速发展。

上班族父母也能与孩子交流

妈妈在养育孩子的过程中，应该随时注意孩子在看什么，并解释给孩子听。比如，带孩子去公园的时候，如果孩子看到一只蹦蹦跳跳的小松鼠，妈妈就要告诉他（她），"你看到的那个，名字叫松鼠"。

另外，妈妈也应该用语言向孩子解释自己正在做的事情。比如，做饭的时候，可以跟孩子说，"妈妈现在正在煮酱汤，汤里面要放大酱、豆腐、南瓜、蘑菇，好几种材料呢。"如果坚持这样做，孩子的智力发育一定会不断进步。

我们夫妻俩在养育小蓝的过程中，曾经思考过如何与孩子展开对话。当时我们还不知道，其实在美国，与孩子的对话，已经成了一门独立的学科。带小蓝去洗澡的时候，我只知道忙着指挥他洗澡，却不知道此时跟孩子说话的那些技巧。比如，我根本不知道跟孩子说"香皂、洗发水"这些名称，更不知道跟孩子说"香皂很滑溜"这种描述，"我们洗完澡就喝奶"这种说明，"这个杯子里的水比那个杯子里多"这种比较，"可以把毛巾递给我吗"这种指示……

　　无论是全职主妇，还是夫妻双方因为都要上班而总是没有时间和孩子聊天的上班族，都可以利用去澡堂、超市、公园，在车里或是家附近等日常生活中提供的短暂时间，尽可能与孩子展开丰富的对话。这有助于把孩子培养得更加聪明、睿智。

Q 我想知道，哪些具体的教育方法可以帮助我？

我的孩子现在会叫爸爸妈妈了，而且很黏妈妈。孩子是得了一次感冒以后变得黏人的，现在越来越严重，总让抱，有时候抱了也不满意。我的孩子不爱看书，总爱看电视，还特别喜欢看连续剧，但他喜欢看图画，可以集中精神看墙上挂的画。我很想知道一些适合这个时期孩子的具体教育方法。

孩子爸爸　胜民

A 胜民，你好！我们夫妻俩之所以要给儿子小蓝买书，是因为如果不给他书，他一刻都安静不下来。给他读书，让他一边找书里的图片一边玩耍的时候，小蓝会非常安静。从那时候我们就开始给他书，并一直坚持到现在。

挑选适合孩子的、有趣的书籍买给孩子，让孩子拿着玩。这会让教育变得非常容易。

希望你只是单纯地把书看成是玩具，不要把它当作教孩子的工具，只要让孩子拿着玩就可以了。这样的话，即使孩子没有专注于书中的内容，也完全不必因此担心。这个阶段，只要孩子能拿着书玩耍，让书成为父母与孩子对话的媒介就足够了。

让孩子亲近图书固然重要，带孩子走进自然，让孩子看到各种各样的事物，并因此与孩子展开更多的对话，其实是更好的方法。

"这是什么？"

"这叫玫瑰花。"

会爱的父母养育闪光的孩子
畅销韩国的"小蓝爸爸深爱育儿法"

"这是什么？"

"这是汽车。"

父母可以像这样，一会儿扮演孩子，一会儿扮演自己，不断跟孩子说话。

另外，还有一点也很重要，那就是与孩子之间的肌肤接触。最好能经常给孩子一些充满爱的拥抱和亲吻。通过这样的肌肤接触，让孩子感受到来自父母的关怀。孩子长大以后，也会懂得如何关怀别人。

孩子喜欢看电视剧，多半是因为爸爸或妈妈有这方面的爱好。如果孩子1岁左右，爸爸妈妈最好不要在孩子面前看电视。

在幼小时期，不要让孩子去适应妈妈的安排，而应该是妈妈的安排来适应孩子的生活。妈妈必须对孩子的行为作出敏感的反应。

在孩子人生的第一年，能够给孩子的，最重要的就是"未来蓝图"。

这个时期的宝宝任何时候都应是胜利者

依赖期（0~12个月）的孩子，需要多多称赞。这个时期的称赞，具有两个层面的意义：没有制造惹怒父母的混乱状况，孩子的行为符合父母的主观愿望。这两种情况都应该获得称赞。

用称赞帮孩子积蓄人生的力量

这个时期的孩子，任何时候都应该是胜利者。可能有些父母会担心，如果让孩子一直都是胜利者的姿态，会不会导致孩子错误地认识自己的实力，变得狂妄自大，或者一旦遭遇失败就丧失信心？虽然我也听到过很多这类担心，但我认为事实并不是那样。这个时期，总能得到帮助、任何时候都获得胜利的孩子，从小就会对成功产生一种积极而肯定的思考方式。孩子成年以后，会拥有强烈的自我意识，即使遇到失败，也会依靠内心的强大力量重新站起来。

让孩子在依赖期能够经常获胜，是父母在帮助孩子积蓄人生的力量，就算孩子以后跌倒了，也可以重新站起来。在这方面，犹太人做得很好。犹太人在孩子不到12月前，不会带孩子去别人家。因为去别人家的时候，孩子想摸这个摸那个，就会听到很多否定的语言，"不要，不行"。不带孩子去别人家，就是为了避免让孩子遇到这种被指责的状况。

最重要的是给孩子一个美好蓝图

在孩子人生的第一年，父母能够给孩子的，最重要的就是"未来蓝图"。如果父母告诉孩子应该拥有怎样的未来和梦想，孩子就会朝着父母绘制好的蓝图去发展，并一步步地去实现。

可见，想要培养幸福英才的父母，虽然在身体、外貌上面对的是孩子，但精神上却要把孩子当作成年人来看待。这样除了有助于发现孩子的潜在能力，还有利于培养孩子的人格。

从一出生开始，父母不变的信念，会让孩子具备坚强的意志，这种意志会让孩子受益终身。这也就是为什么我们会一直称儿子小蓝为"博士"，称儿子小绿为"将军"的原因。

Q 孩子离不开妈妈，怎么办？

我是一个1岁男孩的妈妈。我的孩子身体发育得很快，现在已经会跑了。在他八九个月之前，我经常给他读书，他睡醒以后也会自己拿着书来看。现在，可能是因为他的活动量越来越大，注意力总是不能集中。给他读书的时候，他也是一边玩一边听。现在有一个问题，就是无论他要做什么都不愿一个人去，一定要拉着我的手，让我一起去。玩水的时候，从房间去阳台的时候……不管干什么都是这样。

我也知道，不应该给孩子一些不当的体验，但是我现在觉得很辛苦。孩子每天5点半起床以后，就拉着我的手要到外面去散步，这真是让我束手无策。有时候，我实在太累了，会跟他说，"妈妈太累了，你还是睡觉吧。"这时候，孩子就大哭，然后也许是哭累了，慢慢就睡着了。每次看到孩子的样子，我又感到很内疚，但真的是有些力不从心。

孩子妈妈　月亮

A 月亮，你好！如你所说，孩子各方面的发育都很好。如果我是妈妈，看到孩子这样强烈的学习欲望和成长速度，一定会非常高兴，还有比这更让人开心的事情吗？

身体虽然感到很疲惫，但这个世界哪有不辛苦的事情呢？而且，这种情况并不会持续很久。等到孩子再长大一些，可以自己走出去的时候，就算妈妈想牵着孩子的手，孩子也会拒绝。所以，还是带着幸福的心情去享受这样的时刻吧。

会爱的父母养育闪光的孩子
畅销韩国的"小蓝爸爸深爱育儿法"

现在孩子能够集中注意力，对以后的成长非常有帮助。我还记得，有一次儿子小蓝一直到深夜都还要求我给他读书，我觉得很累，就说"小蓝，赶快睡觉吧"，然后就看到孩子的脸上流下了晶莹的泪水。从那以后，我再也没有拒绝过孩子。看着孩子的眼泪，我下定决心：无论多累，也绝对不能打击孩子求知的欲望。或许正是当时的决心，才造就了今天的小蓝。

　　加油！相信过不了多久，你就会感受到喜悦。现在是艰难的时期，你的这个时期来得可能比其他孩子的妈妈快了些。但不管怎样，都希望你能坚强地度过这段时间。

06
小游戏里有大教育

对孩子来说，游戏就是一种学习，一种体验。孩子就是一边玩，一边获取知识的。作为父母，没必要烦恼应该教孩子些什么，应该研究怎样做才能让孩子玩得更开心。

依赖期的孩子最忌填鸭式学习

例如，教孩子数字的时候，如果说，"这是8，是8，跟我一起说"，孩子可能根本不理会。因为这样的教法没有任何趣味，引不起孩子的兴趣。但是，同样是看到8，如果跟孩子说，"这里有两个圈，两个圈连在一起，就是圈圈8"，孩子就会学着说"圈圈8，圈圈8"，并在玩耍中记住这个数字。所以，怎样才能让孩子玩得更开心，是父母在这个时期最要考虑的问题。

对于那种填鸭式的学习，小蓝一直都很排斥。我曾经很担心，如果孩子一直这样抗拒下去，以后上学了，可能也会排斥学习。所以，我研究了一种游戏式的学习方法，小蓝很快就接受了，并乐在其中。通过游戏学习的孩子，进入学校以后，也能很快适应填鸭式学习，因为他们已经为那种填鸭式学习提前做好了充分的准备。

在孩子幼儿时期，是不能通过填鸭的方式教孩子的。换句话说，父母应该把与孩子共同玩耍看成一种义务。其实，大部分父母都忘记了与孩子一起玩的乐趣。有些妈妈说"我的孩子真的很乖"，妈妈所谓的"乖"，指的是孩子很安静，不烦爸爸妈妈，因此妈妈可以有更多的时间做家务。

如果这种"乖"是来自于爱读书、分辨能力强的孩子，父母当然应该感到很高兴。可是，依赖期（0～12个月）的"乖孩子"却意味着，孩子对接受感官刺激失去了兴趣，也无法最大限度地发挥出自身的潜能。

对孩子来说，游戏就是学习

小蓝网有一位妈妈网友，她的孩子通过游戏进行学习，15个月的时候就可以自己阅读了。这件事给了我很大的震撼，并且让我对自己的观点有了进一步认识。大部分父母都是先教孩子认识物品，然后再教孩子识字。这位妈妈是通过游戏的方式，对孩子同时进行物品认知和文字认知的教育。

孩子6个月的时候，她打开冰箱，让孩子把手伸进冷冻室，并反复告诉孩子，"冰箱很冷"。后来，只要她一说到冰箱，孩子就会把头转向冰箱那边。从那时候开始，这位妈妈就决定，要同时让孩子完成物品认知和文字认知。

比如，当孩子打开橱柜，拿出碗碟玩的时候，妈妈不是阻止，反而是教孩子认识碗碟。她拿出了家里所有的器皿，并把"碗""碟"等字写下来，让孩子同时记住文字和实物。然后就是教孩子认识"饭碗""汤碗""铜碗""塑料碗""小碗""大碗"等更细致的分类，并继续展开游戏。只要打开冰箱，这位妈妈就告诉孩子所有蔬菜的名字。

需要明确的是，这样做的意图和目的，不是一定要让孩子记住什么，只是孩子与妈妈之间的单纯游戏。家里的所有物品都可以成为玩具。把家里的各种物品进行分类教孩子识字，孩子通过这种方式学会的词汇就足够阅读一本书了。这也就不难理解，为什么这个孩子15个月就能阅读了。到了孩子6岁的时候，孩子的阅读水平已经达到可以听妈妈朗读《罪与罚》的水平了。

在某次超过两个小时的讲演过程中，我看到这个孩子一直专注地自己看书，一副"你吵你的，我看我的《哈里波特》"的架势。我可以感觉到这孩子的情绪非常稳定，这让我感到非常高兴，这位妈妈培养出来一个如此优秀的孩子。

看着这个孩子，我更加确信，如果能把这样的事例多多传播，一定会诞生与现在完全不同的新一代。

因为孩子是通过游戏学习的，所以，对他（她）来说，百分之百的玩耍就意味着百分之百的学习。促成这样一种状况，是父母最重要的责任。如果孩子喜欢汽车，每天都要求去停车场玩，父母应该怎么做呢？这时候，父母不应该以疲倦为借口推托，而应该带着孩子来到停车场，告诉孩子怎样按照颜色和车型对汽车分类，或者在玩耍中教给孩子数字。在这样一个玩耍的过程中，孩子慢慢就会具备数学的思考能力。

Q **孩子总是扔东西，怎么办？**

我的孩子现在已经7个月了。他好像做什么都不专心，而且不管是什么东西，拿到手就扔。化妆品也好，书也好，CD也好，只要是能扔的东西出现在他眼前，他就一定要把它扔开。要是我故意把东西放在他身后，看不到了，他就发脾气，弄得我也很累。对于这种情况，我应该怎么做呢？对了，孩子有时还一个人在那里假装哭，好像在逗我们玩似的。

代浩妈妈

A 代浩妈妈，你好！其实你的孩子并不是不能专心，只是好奇心太强而已。在妈妈看来，孩子的这种好奇心，可能就成了调皮或者注意力分散。

对于孩子现在总扔东西的问题，可以看作是孩子的一种学习方式。当然，还是尽量不要让那些贵重的物品出现在孩子面前。这样就可以让孩子尽情扔，尽情玩了。这种游戏，在认真地玩过一段时间后，如果发现妈妈并不关注，孩子就会转身去忙活其他的活动了。

多与孩子一起玩各种游戏：鼓起腮帮，让孩子伸手去按，然后大大地吐出一口气；或者一边指着五官，一边说"鼻子鼻子鼻子嘴巴，鼻子鼻子鼻子眼睛"。孩子会很喜欢这些游戏。

在墙上贴动物图片，除了动物的名字，还可以教给孩子动物的各个身体部位名称，这也是很好的游戏。妈妈不断研究新游戏，孩子也会很开心地学新东西。这样，谁都不会觉得辛苦。

另外，孩子模仿大人哭哭笑笑，自娱自乐，其实是一个很好的现象。要看护好孩子，尽可以让孩子随意玩耍。这表示，孩子正在以非常迅猛的速度进行学习。

Q 孩子总是把食物当玩具，怎么办？

我的女儿11个月，喂她吃辅食的时候，她总是不肯好好吃，还把食物扔得到处都是。我告诉她很多次，这样的行为不好，可她还是这样。我很担心这会变成一种习惯。我告诉孩子这样做不对，还会把食物从她手里夺过来。这时候，女儿就小脸涨红，哭闹不止。或许我应该给她一些惩罚？我到底应该怎么做呢？

诗尹妈妈

A 诗尹妈妈，你好！孩子在喝完牛奶以后，经常顺手把瓶子扔掉。扔牛奶瓶，其实是孩子在以一种科学家的姿态进行实验，或者也可以认为，孩子是在测试妈妈的信任程度。

同样的道理，在妈妈看来，孩子是手拿辅食，还把它当作玩具来玩，但孩子却是在用整个身体感觉食物，去探求食物的本质到底是什么。这种意识上的差别，是多么可怕的一件事啊！单纯因为意识上的差异，让孩子受到惩罚，孩子就会在被动的状态下长大。如果妈妈能够认识到这是孩子的好奇心在作怪，并尽可能为孩子创造满足好奇心的机会，那么，孩子就会在好奇心的指引下，在面前展开一个充满丰富想象的世界。而且，这种意志会贯穿孩子的一生。

小蓝小时候，我也经历过同样的过程。吃饭的时候，我们给他单独盛好饭，想让他自己吃，小蓝会一边玩得很开心，一边把饭吃完。虽然米粒撒得到处都是，但不知不觉中，小蓝已经学会了用筷子的方法。

　　所以，放开手让孩子自由玩耍吧。现在放任孩子的那些行为，以后不会成为问题，反而会让孩子学会如何真正思考，学会充满好奇地积极探索世界。如果能够得到足够的尊重，等孩子再长大一些，到了能够分辨事物的时期，孩子会认识到，不应该去伤害别人。那时候，孩子自然就变得谦恭有礼。

　　大部分妈妈对孩子进行惩罚，都是因为不了解孩子的发育过程，或者总想让孩子遵守自己制定的小框框。有些妈妈坚定地认为，自己的孩子一定非常优秀。这样的想法会给孩子带来希望，不妨把这种想法告诉孩子，并帮孩子付诸行动。这样，孩子一定会成长为一个身心健康、心灵美好的人。

07

生活中的一切都是玩具

对依赖期（0~12个月）的孩子来说，所有的一切都是新鲜而充满乐趣的游戏道具。首先，父母的脸就是他们的玩具。出生几个月的孩子，大多都喜欢明暗对比强烈、角度和曲线丰富的物品。黑白玩偶就是专门针对孩子的这一特点而设计制作的。

爸爸妈妈的脸就是孩子的玩具

父母的眼睛、鼻子、嘴巴、脸颊、下巴，都具有玩偶的特点。当孩子被父母抱在怀里，注视着爸爸妈妈的脸庞时，随着光线的反射，孩子会看到不同角度和阴影下的脸。所以，抱孩子的时候，让孩子能够看清楚父母的脸，可以起到一定的教育作用。

父母的脸也可以成为与孩子玩游戏的道具。孩子6个月以后，父母就可以和孩子玩藏猫猫的游戏了：用手或毛巾遮住脸，当孩子拿掉毛巾的时候，发出"喵——"的声音，孩子就会发出咯咯的笑声。孩子喜欢鲜艳的、能够吸引视线的颜色，所以玩这个游戏的时候，毛巾最好选择比较艳丽的颜色，比如绿色。妈妈经常穿同类衣服，可以让孩子具有安全感。不过，有时候，换一些孩子喜欢或感兴趣的图案或颜色的衣服，可以对孩子产生刺激，促进其发育。

到孩子9个月的时候，妈妈可以鼓起腮帮，当孩子伸手去按的时候，妈妈就吐出舌头。这个游戏可以让孩子了解到，"我这样做，会有那样的结果"。这有助于培养孩子解决问题的能力。

除此以外，把布娃娃或玩具藏在身后，再从左边或右边拿出来让孩子看，也是不错的游戏。这也有助于培养孩子解决问题的能力。

并不是只有玩具可以成为游戏道具。塑料瓶、拉出来推进去的抽屉、没用的纸盒等，生活中的很多东西都是孩子的玩具。

捉迷藏也是孩子很喜欢的游戏。我们就经常和小蓝一起玩捉迷藏，甚至有时候，小蓝藏在衣柜里，然后就在里面睡着了。很多游戏，可以让孩子活动身体，同时又开发大脑。有时间的话，应该多陪孩子一起做各种游戏。

父母要引导和掌控游戏过程

与孩子一起玩的时候，必须要引导孩子积极地参与进来。比如，一个玩偶，如果只是拿起来又放下，孩子也只能在一旁看着。如果给玩偶上拴一根绳，绳的另一头拴在孩子的腿上，即使是只有两个月的孩子，也可以一边动腿，一边努力把玩偶向自己这边移动。这就是积极参与。不过，这时候一定要特别小心，不要让绳子缠到孩子脖子上。

依赖期的孩子最喜欢的游戏之一，就是玩水。8～9个月以后，就没有必要再使用婴儿专用的澡盆，可以让孩子在普通的浴缸里洗澡了。这时候，可以在浴缸里放一些能拿着玩的玩具、毛巾、塑料杯等物品，让孩子在水里多玩一会儿。要特别注意的是，浴缸的水不宜太多，以免溢出来，造成危险。

如果玩具太多，孩子反而会觉得混乱。可以准备一些拼插类的玩具（比如，积木）。这些玩具能让孩子发挥想象力，制作出各种各样的形态。这样的活动，可以让孩子理解空间的概念，对以后学数学有一定帮助。

在与孩子玩游戏的时候，重复也很重要。6～7个月的孩子会不断地要求重复。一直到孩子认为自己对某件事已经完全熟悉之前，他（她）都会反复要求做这件事情。所以，如果孩子扔某个东西，就会一直扔。这其实是孩子探索这个世界的一种表现。

孩子扔东西，是因为他（她）发现了手的力量与重力法则之间的关系。对孩子来说，这件事充满乐趣。但对父母来说，可能会觉得很烦恼。不过，如果父母明白了这是孩子的一种学习方式，也就会愉快地与孩子一起玩了。

跟孩子一起玩的时候，父母一定要主导游戏，令其达到高潮。高潮过后，要慢慢地减小游戏对孩子的刺激强度。当感觉孩子的情绪过于激动，甚至可能影响到睡眠时，就要果断地降低兴奋程度，帮助孩子尽快恢复到平静的状态。只有这样，才能让孩子长大以后懂得节制。如果忽略了这一点，让孩子处处随心所欲，他（她）以后可能会变得难以自我控制。敏感的父母，只要看看孩子的眼神，就能迅速掌握孩子当时的状态。

Q 孩子在不同的时期需要不同的玩具，是真的吗？

　　我的孩子刚满4个月，我是那种不太喜欢给孩子买玩具的人。通常，我会给孩子一个不倒翁，让他自己玩一会儿。一天中，我会有两次把孩子抱在膝盖上，跟孩子一起看图画书。看图画书的时候，我会指着图片，一个一个地告诉孩子那是什么。我还会扮演各种角色跟孩子做游戏。总之，我会尽量跟孩子多说话。所以我觉得，这个时期的孩子，并不需要太多玩具。

　　有时候，我给孩子一个摇铃，他只是看看，然后就去抓身旁的手帕，并认真地玩起来。我每次去买婴儿用品的时候，会看到各种玩具广告。广告中介绍说，孩子在不同的发育阶段需要不同的玩具。每当这种时候，我也会想，我的孩子是不是也需要这些玩具呢？不过，我更希望把他培养成一个喜欢阅读的孩子。

敏伊妈妈

A 敏伊妈妈，你好！或许，玩手帕比玩摇铃更好。因为手帕会带来比玩具更多的变化，所以更能吸引孩子的注意。

　　我也认为，在孩子幼儿时期不宜有太多玩具。其实，和妈妈一起玩玩水，玩玩沙子，都能达到促进智力发育的目的。

　　小蓝小时候，我也没有给他买很多玩具。当然，积木或拼图这种能够变换多种形态的玩具，对于培养想象力还是有一定帮助的。所以我建议可以给孩子买些这类玩具。

　　我相信，你的孩子长大以后一定会喜欢读书，因为妈妈一直怀着这样的信念教他。孩子出生后的第一年，对孩子影响最大的人就是妈妈。妈妈从怀孕时就有对孩子的期望，就你而言，就是孩子长大成为爱书的人。这种期望会渗透到妈妈平时的一言一行之中。

书，应该成为与孩子对话的一种媒介。

08
和孩子一起展开对话式阅读

父母给孩子读书，其实是父母通过书与孩子展开对话，通过书跟孩子一起玩。

从孩子出生3个月开始，就可以把书当作玩具，一边让孩子看图，一边快速地帮他（她）翻看。到6个月的时候，孩子就会真正对书表现出兴趣了。从这时候开始，妈妈可以以孩子为对象，一边看书，一边自问自答，和孩子一起实现"对话式阅读"。

什么是对话式阅读

对话式阅读，不是直接把书里的文字读出来，而是以书中的内容为素材，与孩子展开对话。

"兔子在哪里？"

"兔子在这里。"

"兔子的眼睛是什么颜色的？"

"兔子的眼睛是红色的。"

"兔子的耳朵什么样？"

"兔子的耳朵很长。"

"我的宝宝耳朵大吗？"

"不，我的宝宝耳朵很小。"

像这样，一边说话，一边配合有节奏的动作，既可以让孩子感受到情感，又对孩子的学习和记忆很有帮助。因为产生强烈的情感共鸣，会在孩子的记忆里留下深刻的印象。

在图中找不同的游戏、区分各种植物并把名称贴在上面，都有助于增强孩子区分文字的能力。

这个时期，孩子最需要的书，就是插图色彩鲜艳、语言充满节奏感的创作型童话，以及可以在身边经常见到的各种动植物的相关书籍。特别是帮助孩子把自然界中的动植物进行分类、组织、记忆的书籍，有助于促进孩子的认知发育和观察能力的提高。经常翻看这些书都会为孩子的智力发育打下基础。

让孩子把书当成玩具吧

在孩子的依赖期（0～12个月），不必坚持给孩子把一本书从头到尾读完。一定要记住，书中的内容只是与孩子展开对话的谈资。这个时期的孩子，经常会快速地翻看，找那些自己认识的内容。这时候，如果妈妈坚持要从头开始给孩子读书，抓住孩子翻书的手不让他（她）动，这样做是很难让孩子真正爱上读书的。

不喜欢读书，就无法获取更多的知识。关于通过阅读促进孩子智力发育的内容，我的另一本书《和爸爸一起读书》中有详细的论述，有条件的读者可以参考一下。

Q 不同阶段，应该怎样给孩子读书呢？

从怀孕的时候开始，我就知道小蓝网了。我也曾经非常努力给孩子读书，进行胎教，却有些力不从心。为此我还买了很多的书，甚至多到让所有来我家的人都感到吃惊。

现在，我的孩子已经4个月了。我记得，孩子小时候应该反复给孩子看同一本书，对吧？可是我经常给孩子读各种不同类型的书，还会把各种书摆在他的身旁。就算孩子连看都不看，我也给他读有很多文字内容的书，这样做对吗？我很想知道，到底应该怎样给孩子读书。另外，我还听说，给孩子读书的时候应该穿插一些英文书，原因是孩子能听懂本国语言以后，就应该学习英语了，不知道这样做是否合理。这个问题让我有些困惑。

我并不要求我的孩子以后一定要学习很好。我只是觉得，父母应该在孩子小时候多给孩子提供各种机会，至于孩子长大以后要成为什么样的人，则应该让孩子自己选择。我能做的，就是给孩子更大的空间。不过，在实际生活中我遇到很多问题。首要的一个问题就是，不同阶段，应该怎样给孩子读书呢？

必思妈妈

A 必思妈妈，你好！对于4个月的孩子来说，最重要的是感受到被宠爱的感觉。所以，尽一切力量去爱孩子吧。第二点，就是沟通。孩子醒着的时候，心情好的时候，多和孩子进行一些重复性的、有节奏感的对话。孩子身边的一切，包括孩子的身体，都可以成为对话的素材。

书的作用，应该成为对话的一种媒介而已。买来各种各样的书籍，怀着要给孩子读书的心愿，并不能很自然地唤醒孩子对书的热情。开始的时候，可以给孩子快速翻阅一些动植物等身边常见事物的图片。另外，给孩子的书，插图一定要简洁、鲜艳，这样可以一下子吸引孩子的视线。当孩子心情好的时候，可以给孩子读那种一句话的小故事。

我很理解你的心情，希望孩子以后很优秀，拥有宽泛的选择。但是，一定要注意，不要让孩子在这时候就对学习产生厌恶和抗拒。

与其不考虑孩子的喜好，给孩子选择一些不合适的书，还不如看着孩子的眼睛，给他唱首歌，或者温柔地跟他说会儿话。另外，引导孩子抚摸或者观察妈妈的脸庞，对于4个月的孩子来说，也是一种很好的刺激。

不必过分考虑孩子的不同阶段父母应该怎样做的问题，也完全不必为此而烦恼。只要看看孩子的眼神，凭着妈妈本能的感觉对待孩子就可以了。孩子饿了的时候给孩子吃的，孩子困了的时候哄孩子睡觉，当孩子睁大眼睛想和妈妈玩的时候，就陪孩子玩，温柔地跟孩子说话，亲吻孩子的脸颊……总之，只要用最自然的态度对待孩子就可以了。

英语也好，母语也好，都还不是现在就要担心的问题。只要能让孩子对这个世界产生信任感，教育就绝对不会失败。现在给孩子看的书，要考虑图片的丰富性，在感觉孩子失去兴趣之前，妈妈应该先停止让孩子看。如果不考虑孩子的意愿，一味对孩子进行刺激，反而会让孩子对书产生反感。

还有一点必须强调，多爱孩子。孩子是可以听懂妈妈的话的。最好的方法，就是同时扮演妈妈和孩子两个角色，充分与孩子展开对话与沟通。

Q 孩子痴迷于看书，这正常吗？

我的女儿已经9个多月了，正处于学习站立的阶段。站着的时候，两个膝盖就会弯曲，要跪下去的样子。这时候她的嘴里还会哼唧，脸上流着汗珠，一副受伤的眼神，似乎在大呼"SOS"，如果我不去抱她，甚至不理她，要不了多久，她就会大哭起来。

有一件事，我不知道是应该高兴，还是应该担心，就是她不喜欢运动，却超级爱看书。在家的所有时间，孩子几乎都在看书，多的时候，一天能看100多本，根本就不理会其他的玩具。

虽然孩子还不太会表达，但是她会很明确地向我提出要看书的要求。最近，情况似乎越来越严重了。如果不给她书，她甚至连辅食都不肯吃。孩子对书的这种喜好，需要进行适当的调节吗？

彩恩妈妈

A 彩恩妈妈，你好！站立、行走的时间，都是遗传基因决定的，所以只要时间到了，孩子自然就会站起来，并走得很好。当孩子流着汗，一脸哀怨地呼救时，请立刻抱抱她。这个时期，被爱的感觉对孩子来说非常重要。虽然，逐步给孩子一些帮助会让她慢慢熟悉这些动作，但是果断地伸出援手，也并不会妨碍到孩子的独立。虽然孩子站立时两个膝盖还有些颤颤巍巍，也不要吝惜你的称赞，应该多多鼓励孩子。

如果你给了孩子读书的环境，孩子强烈地要求读书也是有可能的。通过小蓝的表现，我认为人类的成长发育是依据环境来决定的。所以，看到你所写的，我感到非常高兴。

不要阻止孩子关注某一件事，这也是一种教育。如果孩子的这种专注没有受到妨碍，她就会逐渐拥有一种力量去关注所有自己感兴趣的事。

现在，孩子正处于爱书胜过爱玩具的状态。令人感到欣喜的是，有研究显示，发育快的孩子会把书当作玩具，和其他玩具相比，这些孩子更喜欢看书。这与发育的顺序是一致的，所有的发育都是从简单到复杂，书比玩具复杂，所以发育快的同月龄孩子更喜欢书。

不必担心情况会变得严重，请怀着一种欣赏的心情接受这件事。也不必管别人的孩子怎么样，只要关注自己的孩子就可以了。当然，妈妈也要不断学习，跟上孩子发育的脚步。

09
在安静中引导孩子
进入冥想状态

在孩子的成长过程中，给予合适的刺激非常重要，这个观点
被无数次强调。于是很多父母都认为，这样的刺激越多越好。但
是，这就导致了孩子受到过度刺激的情况。当然，能够让孩子感
到兴奋的声音、图片、动作很重要，不过，一些缓慢的、带有韵
律的动作或者安静的状态也非常重要。

冥想状态是孩子内心生活的开始

安静，除了非常适合孩子的自然节奏以外，在安静中，孩子会
更关注父母所做的事情。这种环境下，父母的动作或者声音，就如
同挂在洁白墙壁上的油画一样，会清晰地投射到孩子的眼睛里。

有时，必须给予孩子刺激，有时，必须禁止这种刺激。以我

的育儿经验，从孩子出生后3~6周开始，在尽情玩耍后、吃完奶后、睡午觉之前或者刚刚醒来的时候，孩子经常会睁大眼睛，专心地注视远方。我和小蓝妈妈通常把这叫做"冥想状态"。冥想状态表示孩子正处于安静地凝视自我的状态中。

在这种冥想状态下，孩子会了解到，自己的心情好坏并不是因为外部的刺激，而是源自内心世界。从这时候开始，孩子就开始有了内心生活，也为日后人格的形成打下了基础。

在冥想状态中，孩子可能会一个人独处，也可能不喜欢一个人待着。虽然孩子的内心希望安静地一个人待着，但同时又想有一个可以信赖的人陪在旁边。所以，这时候，父母不必跟孩子说话或者陪孩子玩，只要安静地微笑着看着他（她）就够了。

在冥想状态下不受打扰的孩子，很少半夜突然醒来大哭。小蓝小时候，我和妻子会在他玩耍的时候，认真地陪他玩。而当他一脸幸福和平静，呆呆地凝视什么的时候，我们就闭上嘴，安静地看着他。

过度刺激会让孩子注意力不集中

当孩子转过脸去，用咳嗽、打嗝、打喷嚏等动作来表现压力，或者表现出身体不舒服的感觉时，作为父母，必须要思考，是否自己在无意中给了孩子过多的刺激。

如果刺激过度，孩子会变得过于敏感，甚至有些神经质，或者对任何事都失去好奇心。如果适当地给孩子一个安静的环境，父母与孩子能同时获得休息的时间，与孩子之间的交流也会变得更顺畅。而孩子，则会变得注意力越来越集中。

如果孩子在依赖期（0～12个月）习惯了来自于外部的过度刺激，可能在长大后会沉迷于电脑游戏等。那时如果父母再阻止，孩子就会表现得非常不安，甚至整天叫喊"妈妈，好无聊呀"。

小蓝自己玩的能力就很强。曾经有一次在江边玩沙子，他用沙子进行各种各样的游戏，不知不觉中度过了12个小时。我想，这应该就是我们一直没有妨碍他的冥想状态所带来的结果吧。

会爱的父母养育闪光的孩子
畅销韩国的"小蓝爸爸深爱育儿法"

Q **我想知道，应该怎样面对不同月龄的孩子？**

我家老二现在5个月了。最近，如果让他躺的时间长了些，他就会在床上翻来覆去，不管看到什么都想抓，抓到之后就往嘴里送。有时，我会取下挂在天花板上的玩偶，一边跟孩子说话，一边让他触摸玩偶。如果递给他一个摇铃，他就会用两手抓住，摇晃着玩半天。从两个月开始，他就会看一会儿我的眼睛，然后对我露出微笑。现在，他能够精神集中的时间变得更长了。另外，如果躺着听我念书，他就会晃动整个身体，好像在对我的朗读做出回应。就是这样一个可爱的孩子，我却常常感到困惑，不知道到底应该怎样对待他。我实在是不知道适合这个月龄的育儿方法到底应该是什么。

孩子妈妈　叶子

• •

A 叶子，你好！我觉得你做得很好。注视孩子的眼睛，给孩子读书，把孩子放在第一位，给他无尽的爱……对孩子来说，这些都是弥足珍贵的。这个时期最重要的，就是给孩子足够的爱。所以，尽情地去爱孩子吧，多多亲吻孩子，满足孩子的一切要求。在依赖期（0~12个月）得到很多宠爱的孩子，会感受到活着是很美好的事，并怀着一种温暖的心情生活。另外，还有一件事是必须要为孩子做的，那就是与孩子对话。无论是抱着还是背着孩子的时候，都可以跟他说话。在房间里转圈的时候，可以告诉孩子各种物品的名称。孩子所听到的语言是否丰富多样，会在一定程度上影响其智力发育水平。不要担心孩子听不懂，只要说给孩子听就可以了。

　　另外，最好营造一个能给予孩子丰富刺激的环境，这样可以更好地促进孩子的智力发育。比如，让孩子听摇铃的声音或者音乐声，给孩子一些能让他摸的物品等。作为妈妈，一定要努力创造可以给孩子带来各种感官刺激的多样化环境。

　　不过，虽然这些很重要，但孩子有时也需要安静。特别是早上起床以后，或者刚吃完奶的时候，孩子会愣愣的，脸上的表情似乎是在做梦。这就表示孩子进入了冥想状态。这时候，妈妈安静地坐在旁边，微笑着注视孩子，要比给孩子刺激更重要。这样的话，孩子就会领悟到，自己的情感是来自于自己的内心。将来孩子会成长为即使没有外部刺激，也能一个人玩的好孩子。

　　在这个时期，对孩子来说，爱、对话以及关怀等最基本的照顾是最重要的。

孩子越敏感，认生情况就会越严重，认生持续的时间会比较长。

10 怎样面对开始认生的孩子

出生6个月，孩子就开始出现"认生"的情况。6个月的时候，孩子已经熟悉了身边人的脸庞和身边的物品，也能够区分出第一次看到的人和物品。这意味着孩子的分辨能力已经有了明显的提高，这是孩子发育过程中一个非常自然的现象。所以，这时候完全不必因为孩子认生而过分担心。

越敏感的孩子越认生

如果孩子比较敏感，就会出现这种情况：孩子越敏感，认生情况就会越严重，认生持续的时间会比较长。有些父母认为，孩子之所以认生，是与人接触太少造成的，于是故意让孩子接触陌生人。这样做反而让孩子感到更加不安。孩子主动想要与人接触，表达丰富情感的时候，一定会到来，父母完全不必担心。

经常访问小蓝网的一位妈妈，每天抱着孩子的时间超过12个小时，这就导致孩子非常黏妈妈，甚至一刻都不能和妈妈分开。孩子会因为离开妈妈而感到恐惧。

不管怎么样，只要孩子能充分感受到亲人的关爱，总会逐渐变得越来越独立，即使看不到妈妈也没关系。到那时候，妈妈反而会感到失落。像这样得到足够宠爱的孩子，慢慢就会明白妈妈一直都在那里。到那时他们就会开始独立探索，即使妈妈并不在身边。

缓慢柔和地让孩子接触新事物

当把孩子介绍给亲戚朋友的时候，如果孩子一看到陌生人就哭，不但会让亲戚朋友感到很尴尬，孩子也会表现出受到过度刺激的状态。这时候，如果请亲戚朋友用比平时低的声音说话，以及用稍慢的动作面对孩子，孩子的哭声就会减少很多。

6个月的孩子，神经系统还没有发育完全，无法自然地处理各种信息。当听到报警器等刺耳的声音时，孩子的眼睛和耳朵都会受到强烈的刺激，甚至会因为受到惊吓而大哭。所以，在这个时期，对和孩子有关系的事情，应该缓慢且柔和地进行。如果突然让孩子进入一个全新的状况中，孩子必然会用哭声来表达自己的恐惧。

Q **孩子在很小的时候受过伤害，我该怎么办？**

我的孩子从出生开始，就非常不好带。因为听说经常抱孩子，孩子会养成依赖妈妈的习惯，而且我的身体也不太好，所以没经常抱着他。晚上孩子哭闹的时候，我因为太累经常不怎么管他，一般晚上也不给孩子喂奶。有时候孩子夜里醒来哭，我会喂他一些牛奶。吃完以后，就算孩子继续哭，我也不再管他，过一会儿他就自己睡着了。孩子其实很乖，我觉得，在照顾孩子方面，自己就像一个傻瓜。不久前，我看小蓝网，这才知道自己原来带给了孩子很多痛苦和不信任。因此我觉得很伤心，也哭了很久。

现在，孩子已经快8个月了，或许是因为我之前的错误做法，他总是哭闹，而且表现得很烦躁。我抱着他喂他奶的时候，如果想把他放下，给他换尿布，他就会缩在我的怀里哭。认生的情况也特别严重，还没到百天，就已经开始认生了，似乎只想和妈妈在家里待着。最近，我带孩子去文化中心做幼儿按摩，在那里他总是哭个不停。在家里玩的时候，他也总是心不在焉，不是拿个东西咬一咬，就是爬到厨房里，躺在我的脚下，嘴里含着手指，眼睛望着我。

虽然我现在经常抱他，但孩子似乎很胆小，而且态度消极，我很担心他的运动发育方面出现问题。另外，和以前相比，他现在玩玩具、看书的时间变多了。这时候，我不知道是应该走开去忙家务，还是应该陪在他的身边。不过，如果我陪在身边，孩子就会无缘故地总要让我抱。

开始的时候，孩子很喜欢书，不过现在对书的态度，更多的是撕、咬。于是，我就给他很多玩具，慢慢地，玩具和书混在一起，书好像也成了玩具的一部分。我不知道是应该继续这样，还是不要把书和玩具混在一起给孩子。只给孩子玩具，或者只给孩子书。是不是应该让孩子明白玩具和书的区别呢？

格夏妈妈

A格夏妈妈，你好！孩子还不到8个月，如果你能从现在开始，充分地爱孩子，孩子还是能够对这个世界产生积极认识的，长大后也能拥有乐观的性格。现在最好的方法，就是让孩子感受到深深的爱。

　　不要担心抱孩子会让孩子养成不良习惯。哭闹是孩子对妈妈不恰当行为的反应。

　　如果带孩子去文化中心是为了治疗孩子的认生，那反而会让情况更加糟糕。当妈妈给予孩子完整、专注的爱时，孩子就会变得平静下来，哭闹、烦躁也会逐渐减少。

　　关于孩子态度消极和运动发育问题，不必担心。感受到关爱以后，孩子会认识到自己是一个有价值的存在。从那一刻开始，孩子就会能离开妈妈，去独自探索世界，而且会变得越来越积极。活动增多了以后，运动发育自然也就不是问题了。

　　如果经常抱抱孩子，并把自己的爱表达出来，把孩子看到的所有东西都通过语言解释给他听，会很好地促进孩子的语言发育。建议你读一下《让孩子更聪明的亲子对话》这本书，希望

会爱的父母养育闪光的孩子
畅销韩国的"小蓝爸爸深爱育儿法"

你能多和孩子进行一些内容丰富的对话，以给孩子丰富的智力刺激。

孩子一个人玩的时候，妈妈如果走开，去忙家务，也一定要随时观察孩子的状态。如果孩子一直在找妈妈，最好不要立刻离开，这对孩子的情绪发育是有好处的。另外，妈妈每次过来看的时候，如果孩子要求抱，这时候不要犹豫，马上把孩子抱起来吧，然后和孩子说会儿话。这是一种很好的教育方式。

孩子撕书、咬书，是一种很自然的行为表现，不必对此过于介意。不过，为了防止受伤，买书的时候最好为孩子选择圆角的图书。因为孩子会把书放到嘴里，所以还要注意书籍的印刷质量。

其实，书也是一种玩具。现在这个阶段，完全可以把书和玩具一起给孩子。但是，再过一段时间，等到孩子真正对书籍表现出兴趣的时候，每天早上起床以后，妈妈可以先把一本书摆到孩子面前，等孩子看书看腻了，再给他玩具。这样的话，无论是看书还是玩玩具，孩子都能比较专心。

把各种书放在面前，孩子可能会对自己感兴趣的书作出反应。对于孩子喜欢的书，可以让他几十次、几百次地重复翻看。同时，再准备一些同类的书籍。这样，孩子的兴趣范围就会越来越广泛。

书是对话的媒介。如果按照对孩子的重要程度排序，应该是"爱"、"对话"，然后就是"书"了。希望你现在不要被书束缚手脚。可以敞开心扉，多多宠爱孩子，与孩子展开丰富的对话和交流。

对孩子进行控制大小便训练的时间，大约应在孩子24个月开始。

11 不要过早开始 大小便训练

孩子的尿布脏了或湿了，妈妈就会立刻给孩子更换尿布。妈妈认为，尿布散发出味道，孩子会和妈妈一样，对自己的排泄物产生厌恶之感。其实，孩子对于自己的排泄物，并没有妈妈那样的厌恶感。相反，孩子甚至想要玩自己的排泄物。

尿布换得过勤会让孩子变得神经质

妈妈要小心的是，不要把自己对脏尿布的那种情绪传递给孩子。如果让孩子也感染到那种情绪，以后再训练孩子控制大小便就比较麻烦了。

如果房间里不冷，哪怕戴着脏尿布，孩子也并不会觉得特别不舒服。因此，如果孩子睡着了，最好不要特意为他（她）更换尿布。尿布换得太勤，孩子对脏会变得有些神经质，以后孩子的性格可能变得对某种规则过于执著，略带强迫性。对于换尿布这件事，父母完全可以采取轻松的态度。当然，前提是孩子屁股不会出现变红，甚至溃烂的情况。

孩子在依赖期不必进行排便训练

孩子在依赖期（0~12个月）还不是进行排尿和排便训练的时候。这种训练要在能够调节括约肌的神经发育到一定程度以后，孩子可以通过语言表达自己的想法时再进行。一般应该在孩子24个月左右开始。如果在12个月以前强行训练孩子控制大小便，孩子以后可能会出现害怕上学，黏妈妈，不善与人相处等心理问题，甚至还可能出现遗尿症。

有过控制排尿的历史，而后来又出现遗尿者，称为继发性遗尿，这种情况大多由于精神因素、环境改变等引起。出现继发性遗尿症的情况之一是，在培养排尿和排便习惯时曾受到侮辱，孩子下意识地报复父母。如果孩子在睡梦中尿了床，父母就指责他（她），孩子会下意识地把从父母那里得到的不佳感受，通过另一种方式还给父母，甚至以此来缓解自己的压力。

Q 只有垫上尿布，孩子才尿尿，我该怎么办？

我的孩子对大小便完全不能控制。不到20个月的男孩子，如果不给他垫上尿布，就算有尿，也只是抓着小鸡鸡，一直憋着。所以，我只好一直给他用尿布。我很想知道，有没有什么好方法能改变这种状况？因为我心里很着急，经常因为这件事打孩子的屁股。

孩子妈妈　蚂蚁

A 蚂蚁，你好！幼儿主观上可以控制大小便的时间，大约是在24个月龄时。那时候，如果父母为孩子营造一个舒适的环境，孩子就会很轻松地度过这一关。

开始学习控制大小便，要到孩子具备了一定的自我调节功能，可以控制和调节自己的身体时才可以。而且，孩子自己洗手、吃饭、穿鞋、穿脱衣服等其他能力也要同步发展。由此可见，你的孩子还没有到担心这个问题的时候。

通常，能够按照自己的意志控制大小便的能力，要在孩子24个月以后才能建立。如果因为这个而经常打孩子屁股，反而会让孩子变得很紧张，从而推迟这个时期的到来。另外，孩子的自律性也会因此延迟发展。

训练孩子控制大小便，首先应该从信号明确的大便开始。让孩子看看爸爸坐在马桶上大便的样子，当孩子模仿这种行为时，一定要给他称赞和鼓励，引导孩子很自然地学习这件事。另外，即使孩子已经懂得控制大小便，有时也可能因为玩耍而出现控制

会爱的父母养育闪光的孩子
畅销韩国的"小蓝爸爸深爱育儿法"

失误。这时候，绝对不能指责或打骂孩子。

出现这种情况的时候，最重要的还是鼓励。应该通过称赞和鼓励，引导孩子很自然地学会控制大小便。控制小便会比控制大便略晚一些，通常到3岁的时候，孩子才能独自去卫生间小便。

父母可以让孩子看到自己方便时的样子，把孩子的坐便器擦洗干净，冬天的时候在坐便器上套上棉垫，尽量为孩子创造一个舒适的方便环境。对这件事，不要强迫孩子，应该慢慢引导。任何一个孩子都可以顺利完成这个任务。所以，蚂蚁，你也完全不必心急，一切顺其自然就好了。

想要培养幸福英才的父母，虽然在身体、外貌上面对的是孩子，但精神上却要把孩子当作成年人来看待。这样除了有助于发现孩子的潜在能力，还有利于培养孩子的人格。

第三章

学步期(12~18个月)：父母的不同解读会给孩子不同的路

　　学步期，是孩子的第一个探索期。孩子会在这个时期不知疲倦、兴致勃勃地探索包围在自己身边的这个世界。这种探索的结果就是，家里会如同遭遇了台风袭击一样，乱作一团。对这样一个重要的过程，父母的不同解读，会让孩子在自信或不自信中，得到其一。

学步期（12～18个月），是在依赖期（0～12个月）之后开始的，并会持续到第一反抗期（18～36个月）。当然，在各个时期，每个孩子的表现都是不一样的。有些孩子会完全按照书中介绍的阶段进行发育，有的孩子会在某个阶段快一些，另一个阶段慢一些，按照自己的节奏成长。因此，当发现自己的孩子与书中介绍的发育时期不同步时，完全不必担心。要关注的，是在经历各个成长阶段的时候，孩子所表现出的特征，并思考怎样为孩子营造一个适合其特点的最佳环境。这才是问题的关键。

依赖期的孩子，百分之百依靠父母。孩子到了学步期，则可以积极地探索更广阔的世界了。

学步期的孩子，常常做出一些出乎父母意料的事情：把所有能拿起来的东西放到嘴里，把妈妈的化妆品抹得到处都是，扒拉出花盆里的泥土，把厨房的餐具全部拿出来摆在地上，倒出瓶子里的香油，让客厅地板无处下脚……

实际上，孩子的这些行为并不是要存心给父母制造麻烦。只是旺盛的求知欲让他们对包括自己身体在内的事物进行不断探索。这是孩子真正学习的过程。对于这样一个重要的过程，父母所采取的态度，会直接影响到孩子的自我认识，并导致不同孩子之间产生重要差别——孩子得到的是自信，还是不自信。

如果父母能够理解孩子的这些特点，在保证安全的前提下，充分给予孩子机会，满足孩子的好奇心，孩子日后遇到任何问题都会依靠自我的力量去面对，成为一个非常自信的人。但是，即使是在并不危险的环境中，父母也对孩子采取过度保护的态度，或无条件地阻止孩子做任何尝试，孩子就会对周围的环境产生一种不必要的恐惧，对自我产生怀疑，还会进一步引发孩子的不自信。这样成长起来的孩子，自发性和活力都会受到影响，也会变得难以适应社会。所以，美国著名心理学家埃里克森认为，学步期是自律性和羞耻心产生的重要时期。

学步期也是探索期。孩子会在这个时期充满兴趣地探索包围在自己身边的这个世界。这种探索的结果就是，家里会如同遭遇了台风袭击一样，乱作一团。如果妈妈不能了解孩子在这个时期的特点，还因此一直数落孩子，就会打击孩子的自信心，甚至导致孩子对自己产生怀疑。妈妈感到疲惫不堪，孩子也会烦躁不安。

　　妈妈应该了解，对于学步期的孩子来说，最好的礼物就是探索的自由。如果妈妈在这一时期能够带着忍耐和宽容，用称赞和鼓励引导孩子，那么孩子一定会越来越自信，并自发地尝试各种事情。

　　这时候，爸爸也不要指望妈妈能既照顾好孩子，又让家里一尘不染。如果说我对小蓝妈妈很好，可能就是因为下面这样一句话——好好跟孩子玩吧，不做饭也没关系。

　　家里有一个处于学步期的孩子，做家务就会变成一件很辛苦的事。作为男人，应该理解这一点，并且主动分担一些家务。可能有人不同意，但我还是要说，在孩子学步期，如果家里特别干净，恐怕很难培养出自信的孩子。

01
让家成为满足孩子好奇心的地方

　　为了正处于学步期（12～18个月）的孩子，妈妈必须要做一个决定：是让家成为大人可以舒适生活的地方，还是成为对孩子不会有任何危险且能任意玩耍的地方？如果想让家为大人服务，那么孩子做什么大人可能都要说"No"，还必须花费大量时间和精力，去拉开孩子到处摸的手。我想，大部分妈妈都是这样选择的。

　　其实，如果家只从成人角度考虑，而不适合学步期孩子的成长，这样养育孩子是一个很大的错误。

妈妈的巴掌会打掉孩子的求知欲

对于学步期的孩子来说，周围的环境是一个充满魅力和吸引力的世界。孩子现在所表现出的好奇心，会与以后在学校学习所应具备的好奇心有直接的联系。如果一次次地压制孩子的这种好奇，不只是压制孩子想要学习的欲望，还会让孩子对自我产生怀疑。对于成长期的孩子来说，这是很大的伤害。

因此，首先最好把家里改变成一个适合孩子成长的空间。教育孩子最好的方法之一，就是给孩子营造一个适合他（她）的生活环境。这样，从一开始，就没有批评孩子的理由了。

我曾经听到有的妈妈说，"我们家养了很多花，孩子总是去摸，我打了他几巴掌，从那以后，他就再也不摸了"，似乎还很以此为傲。这位妈妈一定不知道，每打孩子一巴掌，孩子求知的欲望就会失去一点。

对于子女教育这么重要的问题，为什么要草率对待？这么早就打造一个如此乖乖听话的孩子，让人觉得不可思议。在这种情况下，孩子绝对会丧失掉好奇心。

孩子在每次尝试某件事的时候，如果父母一次次地打击孩子的好奇心，孩子想要探求世界的基本欲望就会受到压制。长此下去，孩子就会失去这种能力。因此，这个时期还是应该把家里那些易碎的、危险的物品收起来，给孩子创造一个能够自由活动、自由探索的空间。

小蓝妈妈就把我们的家布置得非常简单。第一次来我家的客人，进门都会说，"你们是要搬家吗？"因为整套房里几乎没有家具。

硬币、纽扣这些容易被孩子吞下去的小物件以及钉子、剃须刀这些危险的物品，在我们家是绝对不会出现在孩子视线里的。药物、洗涤剂等物品，我们放在了孩子够不到的地方。另外，孩子很有可能把筷子或叉子插进电源插座里，因此必须在这方面采取一定的安全措施，例如，给插座套上安全保护装置。

孩子的学习就是从玩开始的

拿掉了危险的东西，当然还要给孩子可以玩的东西。这个时期的孩子，所有的学习都是从看、听、摸开始的。孩子都是布须曼人①。看到一个可乐瓶掉在沙漠里，对布须曼人来说，那简直是一个无比神奇的东西！很多事情，对于大人来说没什么，但对于孩子来说，充满了新奇。

当小蓝因为好奇用脚踩塑料瓶，并且把它踩破的时候，妻子就会大叫道，"哈哈，孩子们都是布须曼人。"

孩子会在模仿大人中进行学习。他们模仿大人做饭、看病、

---

①布须曼人，又称桑人或巴萨尔瓦人，生活于南非、博茨瓦纳、纳米比亚与安哥拉的一个原住民族。——译者

买东西、打电话等，这也是学习的过程。如果不让孩子玩游戏，或不给他（她）可以玩的道具，就会扼杀掉孩子对人生展开学习的重要源头。

这里所说玩的道具，并不一定是玩具。家里废弃不用的旧电话、没有锋利棱角的锅、不易打碎的塑料碗碟和杯子、旧纸盒，等等，所有这些生活用品，都可以成为孩子做游戏的道具。

孩子会在做游戏的过程中边玩边学。父母可能会误认为孩子是在故意搞破坏：当孩子把书从书架上抽出来，撕掉书页时，妈妈担心孩子是否过于暴力；当孩子扔掉牛奶瓶，甚至扔掉食物时，妈妈觉得这是在对自己的耐心发出挑战，甚至认为，长此下去，孩子的表现只会越来越恶劣。其实，这是孩子正在玩耍中学习而已，只是因为父母并不了解罢了。

父母不妨这样想，孩子撕书，是在试验纸张的韧性；孩子扔掉牛奶瓶，是在测试牛奶瓶的强度；孩子扔掉食物，是在领会物体在空中飞翔的概念。

Q 总是制止孩子的行为，这样可以吗？

您说孩子调皮的时候也不要管他，不危险的时候还好，如果是危险的情况，又该怎么办呢？比如，孩子咚咚地砸玻璃，或者把一些脏的、有害的东西往嘴里放，这时候难道也置之不理吗？我的孩子已经养成了习惯：越是不让他做什么，他就越要做什么。每当这种时候，我真的很生气，常常念上几十遍"阿弥陀佛"，才能压住火气。我觉得，就像不同的孩子有不同的特点一样，孩子接受教育的程度也是不一样的。但我真的不知道，我应该选择什么样的教育方法才好？

小利妈妈

A 小利妈妈，你好！所谓调皮，在心理学上，是指一种"探索欲求下产生的行为"。这在精神发育方面具有重要的意义。这里所说的"探索欲求"，就是成年人所说的钻研和探索精神，对孩子来说，是以强烈的好奇心为基础，以触摸能拿到的物品或者放进嘴里来掌握其性质的一种行为。批评孩子的这种"调皮"，就会遏制孩子的好奇心，甚至会中止孩子独立成长。

孩子做出危险的行为，或者把脏的、有害的东西放进嘴里，是因为他还不具备分辨能力，根本不知道哪些是危险的，哪些是脏的、有害的。要知道，孩子做出这些行为，并不是故意对妈妈发出挑衅。因此，当孩子出现这类行为的时候，指责孩子反而会让孩子丧失那种本能的好奇。孩子可能会变得听话，但日后很容易变成一个缺乏自信的人。

如果可能的话，在孩子具备足够的分辨能力之前，为孩子营造一个不会出现危险行为，不会接触到脏的、有害东西的环境，才是正确的教育方法。越是制止，孩子越是要做，这种行为表示，孩子的"探索欲求"正在成长，并在逐步健全。

　　请妈妈给孩子一些时间，耐心等待。遇到真正危险或是会伤害到孩子的情况，当然应该快速让孩子摆脱那种情况。不过，如果不是那样的危急时刻，完全不必阻止孩子，还给孩子一些可以积累经验的机会吧。这样，可以促进孩子分辨能力的形成，而且孩子调皮的行为也会慢慢消失。

　　只要稍微改变一些思路，就不必再念几十遍"阿弥陀佛"了。应该多注视孩子，享受孩子成长的喜悦。所以，请尽量满足孩子的一切要求吧！

02

带孩子去亲近大自然吧

对孩子来说，大自然是最具魅力和诱惑的地方。大自然中的一切都是孩子探索的对象，充满趣味。孩子总是纠缠着要到外面去玩，有些妈妈不免担心，这样孩子就没有时间看书了。其实，走进自然环境中尽情地奔跑、玩耍，和妈妈一起聊天、说笑，对孩子的发育来说，要比看书效果更好。

小蓝在外面玩的时间很长。我和妻子经常带他出去：走在小溪边，看看水边的花花草草，告诉他各种植物的名字；娇艳欲滴的玫瑰、翩翩飞过的蜻蜓、草丛间蹦跳的蚂蚱……我们跟他解释看到的所有东西。可能是因为每天都出去玩，那段时间，孩子晒得黑黑的。每个周末，我还会带小蓝去江边，把他放在江边的沙滩上。在那里，不用担心他会受伤，可以让他尽情玩耍。

户外活动注意些什么

正在学走路的孩子，需要适当进行一些可以锻炼肌肉的活动。对这个时期的孩子来说，走出家门，才可以找到进行这类活动的最佳场所。所以，孩子甚至希望能在楼下的花园里玩上一整天。

在花园里，爬到儿童活动架上或滑滑梯，可以达到锻炼大肌肉的目的。不过，秋千并不适合年纪比较小的孩子，因为他们还不能凭自己的力量晃动秋千。即便能荡秋千了，也有可能在荡秋千时与其他孩子发生碰撞，造成意外和危险。在这个时期，最好的游戏器械应该是静止的，可以让孩子爬上爬下的（如滑梯），而不是动态的（如秋千）。

锻炼小肌肉方面，可以为孩子准备一些能够敲打的玩具，以及积木、玩具小汽车等。

在玩中理解概念

对正在学走路的孩子来说，沙子会激发他们无限的好奇。让沙子从手指缝间流下去，有助于促进孩子的感官发育。堆沙堡、把沙子盛到杯子里等活动，都能让孩子很自然地学习"体积"这个概念。而且，这样一个从无到有地制作出各种形态的过程，能够很好地培养孩子的创造力。所以，给孩子准备一些勺子、铲子、小桶等工具，让他（她）尽情地玩沙子吧。

这个阶段，孩子最喜欢的游戏之一，就是玩水。即使孩子平时很乖、很安静，只要一看到水，也会马上表现得很兴奋。让孩子玩水的时候，可以给他（她）准备一些能浮在水面上的球、杯子、小玩具等。这可以帮助孩子理解"浮力"的概念。

Q 孩子一出去就不想回家，我该怎么办？

我的孩子心情好的时候，就会扔东西，而且扔得很凶。我该怎么教才好呢？另外，孩子只要一到了外面，就坚决不回家。他也喜欢在睡觉之前我给他读书，可是，不管白天还是晚上，他似乎都更想到外面去。面对这种情况，应该怎么办呢？

孩子妈妈　月令

A 月令，你好！你是不是也会在高兴的时候扔东西呢？或者是不是夫妻吵架的时候扔东西让孩子看到了？要么，是不是有什么状况让孩子感到很大压力？

如果上面这些原因都不是，把孩子扔东西的行为看作是他的一种"游戏"就可以了。与其斥责他，不让他扔，还不如告诉他，不能伤害到别人。有一天，当孩子知道还有比扔东西更好玩的事情时，这种行为自然也就消失了。

现在这个阶段，正是孩子喜欢在外面展开学习，一旦出去就不肯回家的时期。特别是男孩子，因为性格活跃，很喜欢户外的活动。孩子在外面玩耍的时候，可以观察到大自然，学习各种东西的名称，妈妈还可以就这些东西跟孩子聊天。

比如，松树下长着一丛嫩绿的小草，地上还有小蚂蚁在爬。妈妈可以让孩子看，并且给孩子讲。周末的时候，带孩子到附近的公园，看看那些盛开的花朵。还可以带孩子去动物园、植物园、博物馆。在去这些地方之前，妈妈如果能提前通过阅读掌握一些相关知识就更好了。看到玫瑰花的时候，可以告诉孩子，它什么时候开花，什么时候凋谢，还有与玫瑰花有关的故事，等等。所有一切都是与孩子说话的素材。

　　教孩子各种知识的最好方法之一，就是以自然为媒介，与孩子展开更多的对话。在这样的环境与对话中，孩子不仅能够认识事物，还能学到很多人生的道理。如果孩子经常要求出去玩，妈妈可能会没有时间做家务。但是我觉得，帮助孩子获取知识、陶冶性情，要远比做家务重要得多。

那些有天分、有潜质的孩子，经常
会让旁人觉得过于调皮和不好管教。

03
通过称赞或转移来管理孩子的好奇心

我在讲演的时候，曾经遇到过这样一件事。一位妈妈来找我，说她的儿子非常调皮，经常挨自己打。可现在就算再怎么打他，孩子都非常不听话，而且更加调皮了。这让这位妈妈非常头痛和担心。

当时，我嘱咐了她两件事。首先，不要带孩子去不适合他的场所。第二，通过不断称赞和鼓励来提升孩子的自尊心。

一年以后，我又在一次讲演中遇到了这位妈妈。她告诉我，为了不制造让孩子遭受指责的环境，她每次外出都特别注意，并且仔细观察孩子的行为，哪怕只是很小的一件事，只要孩子做得好，她都毫不吝惜地称赞和鼓励孩子。现在，这位妈妈与孩子之间已经可以通过谈话来沟通所有的事情了。

对于危险行为，简单制止不是好办法

当然，对于一些真正有危险的物品，比如火炉，如果孩子执意要去碰，父母还是应该坚决地对孩子说"不行""不要"。而且，这时候不能只是模糊地跟孩子说"不能摸哦"。因为正处于学步期（12～18个月）的孩子，并不能明确认识到，妈妈所说的禁止是针对哪种行为。孩子反而会因为被禁止而勾起更多的好奇心。

"不要摸，火炉很烫"或者"不要摸，那样很危险"，应该像这样，告诉孩子不能做的具体理由。这样的话，孩子就可以明白，一些特定的东西，比如滚烫的火炉或者火，是危险的，应该远离。

在遇到这类危险状况的时候，小蓝妈妈的做法，不是立刻大声喊让孩子住手，而是很小心地给孩子创造一些能够尝试的机会。水壶很热，首先要告诉孩子如果把手放上去会受伤，然后，小蓝妈妈拉着孩子的手，用手指快速地碰一下水壶。当然，这样做的前提是不能伤到孩子。这样一来，下一次再看到热水壶的时候，小蓝就会非常小心。

想办法转移孩子的注意力

如果已经充分给孩子解释过，孩子还是执意想要去碰的话，最好的处理方法，就是想办法把孩子的注意力转移到其他地方。所幸，这个时期的孩子，专注于一件事的时间很短，只要跟他

（她）说，"快看这里，这个真有意思"就可以移开孩子的注意力。这样也不会影响对孩子分辨能力的培养。

对于一些特别调皮的孩子，当孩子打人或者出现诸如自己把头往墙上撞的自虐行为时，强行制止反而会让他（她）认为父母对自己漠不关心，甚至可能导致孩子加重这种行为。不如在孩子没有打人，也没有撞墙、额头很干净的时候，称赞他（她），"不打人的小朋友是个好孩子""头真干净，好漂亮呀"，这样可以轻松地帮孩子改变其错误行为。

Q **别人都说我的孩子太调皮，必须改变孩子吗？**

我的孩子已经18个月了。从她很小的时候，我就开始给她读书。孩子玩的时候，我会跟她说，"爸爸想吃柿子"，然后找来一本有关柿子的书给她读。想要教她动物名称的时候，我会让她跟着我一起模仿动物的叫声。可是，周围的人都说我孩子太皮了：什么都想摸一摸，对什么都特别好奇；不管是什么，一定要打开来看个究竟才罢休。我读过您写的书，我知道，只凭热情是无法把孩子培养成才的。所以，关于我孩子的教育问题，很想听听您的建议。

恩花爸爸

• •

A 恩花爸爸，你好！我很高兴看到一位爸爸能提出这样的问题，并且想要学习这方面的知识。事实上，孩子就是在爸爸的这种热情和领悟中成长起来的。

孩子模仿动物的样子或是对某个东西感到好奇，一定要打开来看，这都是很正常的现象。如果能一直保持这种好奇心，上学以后，孩子会把这种好奇心带到学习中。

周围人认为孩子太调皮，是因为他们不了解这样一种教育方式。那些有天分、有潜质的孩子，经常让旁人觉得过于调皮和不好管教。因为好奇心很强，这些孩子对所有的东西都充满兴趣。表面上看，似乎显得很调皮，其实，这样的孩子会完全专注于某一件事情，而且注意力高度集中。另外，这样的孩子也不存在精神上的紧张情绪。在严格管教下长大的孩子，即使表面看也很调皮，但精神上经常感到不安和紧张，也会让他们身边的大人感受到同样的情绪。

孩子都有很好的想象力和记忆力。想吃柿子的时候，如果与曾经看过的与柿子有关的书联系起来，这就表明孩子已经记住了书中的内容。通过想象，孩子可以把游戏与书籍联系起来。请爸爸继续坚持那样的教育方式吧。在爸爸的称赞和鼓励下，孩子一定会成长得更好。

Q 不管是什么，孩子都想打翻，怎么办？

最近这段时间，我真是被儿子气得够呛。本来他在好好地喝水，最后却把杯子里剩下的水都倒在地板上，然后还故意挑衅似地看着我。看到我生气的样子，儿子就找抹布来擦。还有，就是他总是想要把汤碗啊什么的打翻，要不就是把这个碗里的东西倒到那个碗里。18个月的男孩，真的让我感到很大的压力。我也不清楚孩子到底为什么会这样。我的爸爸妈妈告诉我，应该适当地打孩子一顿，可我总觉得那样做不妥。我到底应该怎么办呢？

斌空妈妈

· ·

A 斌空妈妈，你好！把汤碗打翻又能怎么样呢？孩子之所以这样做，是因为他对这件事很好奇。孩子的好奇心非常强烈，就好像美国大发明家爱迪生一样。这，不过是孩子正在以一种科学家的姿态进行着各种实验而已。

还有，当孩子把汤碗打翻的时候，妈妈应该作出何种反应呢？生气吗？对孩子来说，那将是一种非常有趣的表情。而且孩子还会认为，如果自己继续打翻碗碟，妈妈就会继续有那样的反应，可能还会打骂自己呢。在孩子看来，这是妈妈对自己的关注。所以，生气只会让孩子的这种行为变本加厉。然而，如果妈妈表现出完全无所谓的姿态，这种情况反而会越来越少。

我家的地板上放了一个让小蓝尿尿的小盆儿。有一次，小蓝很想用脚去踩，而我也没有制止。结果，他一踩，盆子里的尿都飞到了我的脸上。我又能怎么样呢？只能默默地把一切收拾好，因为从一开始让他踩，就是我的错。

如果你不愿意每次都收拾那些被打翻的东西，就要适当调整一下环境，不给孩子做出那种行为的机会。当孩子出现这种行为的时候，你可以表示漠不关心；但在孩子没有那样做的时候，你可以给他一些表扬。慢慢地，孩子具备了一定的分辨能力之后，就可以跟他说，"妈妈不喜欢看到你总是把碗打翻""妈妈打扫房间已经很累了，这些你自己收拾吧"，然后让孩子自己处理自己造成的后果。

如果孩子36个月大以后仍然故意打翻东西，妈妈必须严肃地加以制止。但对18个月大的孩子来说，打翻碗的行为不过是他认识世界的一种实验而已，妈妈应该怀着喜悦的心情看待这一切。

真正的关爱，应该是可以增加孩子内心力量的一种爱。

04 这个时期，关于孩子吃饭那些事

孩子12个月左右就会分辨食物，不再像以前那样，给什么都吃了。这时候，不必担心孩子吃得不好。孩子自己已经知道"均衡饮食"了。孩子不好好吃饭，有些妈妈因为担心孩子饿着，就强迫孩子吃，还拿着勺子，追着孩子喂。这样做，只会让孩子更加不好好吃饭。

孩子不吃就把食物收起来

那些不好好吃饭的孩子，大部分都有过被妈妈追着喂饭的经历。事实上，这只能让问题更加严重。如果孩子在吃饭的时间不好好吃，玩别的东西，就表示他（她）不饿或者已经吃饱了，妈妈应该把食物收起来。学步期（12~18个月）的孩子，经常一

边玩一边吃，这表示，孩子已经开始关注食物以外的事情了。

当孩子胡乱搅动食物，把勺子放到餐桌上或者把食物扔到地上，妈妈往往感到很着急。但对于这个时期的孩子来说，这是一种很自然的表现。这时候，妈妈可以在孩子玩的间隙，很耐心地一口一口喂他（她）吃。如果孩子对食物完全没有兴趣，妈妈就可以认为孩子确实已经吃饱了，把桌子收拾掉就好了。当然，等到孩子自己要求吃的时候，可以让他（她）吃。

给孩子自己动手吃饭的机会

这个时期的孩子，无论是用勺子还是用筷子，都很想尝试自己吃饭。这时候，一定要给孩子这样的机会。有时候，因为孩子自己吃饭，把餐桌弄得乱七八糟，或者对孩子边吃边玩爸爸可能有些微词，那都是因为爸爸并不理解孩子的发育过程。

孩子想要自己吃饭，是其自主性的尝试。如果这个时期的孩子和大人一起吃，大家感到很辛苦，可以在地上铺上报纸，让孩子在那里自己吃。这样，即使孩子把饭碗打翻在地，也不会造成太大麻烦，孩子还能任意发挥其自主性。

大部分孩子在12~16个月的时候，都会想尝试自己动手吃饭。如果在这个时期，父母没有给孩子这样的机会，到孩子24个月以后，自己动手吃饭，对于孩子来说，就不再是一件引起好奇心的事了。到那时候孩子反而更愿意让妈妈来喂自己。真正的关爱，应该是可以增加孩子内心力量的一种爱。当孩子想要自己吃饭的时候，如果父母还是坚持喂饭，孩子就无法学到自主性。

Q 孩子不好好吃饭，还哭闹，我该怎么办？

我的孩子从出生开始，吃奶就很不好，还总是哭闹，到现在为止，没有哪一次吃饭是顺顺当当的。而且，孩子认生的情况非常严重，似乎从满月以后，他就开始认生。推车带他出去的时候，如果别人看他或用手指他，他就会发脾气；要是我和别人说话，孩子会很不高兴。和其他人一起玩的时候，孩子会把头埋在我的怀里，不肯抬起来，似乎很紧张的样子。而且，就算肚子饿了，他也不肯好好吃饭。

我经常给他唱一首儿歌，叫"三只小熊"，可如果用CD播放或电视中播放这首歌，他就会发脾气；他也不喜欢我跟着CD一起唱歌。是不是因为当初我就很少带他出去，才导致这种情况更加严重了呢？我很苦恼，为什么我的孩子和别人那么不一样呢？

孩子妈妈　alpo

....

A alpo，你好！总有一段时间，孩子希望能独占妈妈的爱。对幼小的孩子来说，教育的根本就是深深的关爱。对于孩子，特别是18个月以内的孩子，任何教育方法都不及父母充分的宠爱。

孩子非常清楚，如果和妈妈分开，自己的生命就会受到威胁。因此，他必然缠着妈妈。这个过程就是孩子认生、黏妈妈的过程。这时候，如果父母能满足孩子的一切要求，孩子就会产生一种想法，"我是值得爱的"，并知道"妈妈一直都会在那里，所以我不必紧张和害怕"。这样，孩子大一些以后反而能够顺利离开妈妈，走向外面的世界。

所以，在孩子18个月之前，不要拒绝孩子，一定要无条件地满足孩子的要求。这样做，并不会让孩子养成不良习惯。现在，孩子缠着妈妈，只是一种寻求母爱的行为。

关于喂孩子吃饭的问题，也不要过分担心。孩子绝对不会因为不爱吃饭而饿死。现在这个阶段，应该尽可能以一种孩子可以感受到的方式爱他。对孩子来说，只有有了足够的爱，吃饭、看书、玩耍这些事才能更有意义。所以，一如既往地爱孩子吧。

对孩子来说，生殖器和耳朵、脚趾一样，不过就是身体的一部分而已。

05

当孩子玩弄生殖器时，不要指责孩子

　　给14～15个月的孩子洗澡时，孩子经常把自己的生殖器当玩具玩。这时候，很多妈妈都会打一下孩子的手，大声指责道，"不能摸，不能摸那里"，或者表现出很生气的样子。其实，这样做反而会让孩子对生殖器更加好奇，并产生"那里是一处禁忌"的错误想法。

　　学步期（12～18个月）的孩子触摸生殖器，并不代表他（她）已经对性这个问题有了认识。那只是妈妈单方面的想法。其实对孩子来说，生殖器和耳朵、脚趾一样，不过就是身体的一部分而已。

　　因此，父母应该让孩子明白，生殖器也和身体的其他部分一样，并且应该告诉孩子生殖器官和排泄器官的名称。让孩子对自己身体每个部位都有正确而正常的认识。这样对孩子形成正确的性意识很有帮助。

Q 孩子总摸生殖器，怎么办？

我的女儿经常摸自己的生殖器。每次看到她这样的时候，我都会告诉她，"要是你总摸那里，那里就会有病菌，就要去医院了。"可是，没有任何效果。难道是我的这种反应更加重了她的行为吗？另外，女儿对于爸爸多少有些敌视。有时她会对爸爸表现得很冷淡，好像看不到这个人似的。读书的时候，也一定要妈妈给她读。只要一听到爸爸下班回来的门铃声，女儿就会紧挨在我身边，好像很害怕的样子。这样的情况不是一天两天了，所以爸爸也觉得很难过。孩子为什么会这样呢？难道是因为忌妒吗？而且，我也很担心我与丈夫的夫妻关系会因此受到影响。

可可妈妈

●●●

A 可可妈妈，你好！你对孩子所说的话，"要是你总摸那里，那里就会有病菌，就要去医院了"，这样的威胁确实会加重孩子的行为。

小蓝和小绿小时候，都曾经要求妈妈摸自己的生殖器。小蓝妈妈竟然也就那样做了。因为没有让生殖器官变成一种禁忌，小蓝和小绿在日常生活中很自然地就接受了男女的差别。小蓝在度过青春期的时候，很轻松，只是偶尔跟妈妈闹一下别扭。

不必为孩子的这种行为感到难堪或害羞，只要把摸生殖器想成和摸耳朵是一样的就可以了。其实，对于孩子来说，生殖器官，与手指和脚趾是一样的。如果孩子摸手指，妈妈肯定不会有什么特殊的反应。在度过了这段特定时期以后，孩子的注意力会很自然地从生殖器官转移到其他方面。妈妈平静的反应，会帮助孩子对性形成正确的认识。

敌视爸爸，是因为对于女孩来说，她的第一个爱人是妈妈。现在，她的一切爱都源于妈妈。虽然现在她可能对爸爸不太亲近，但是，一旦她把爸爸看作是同一阵营的朋友后，就自然会亲密起来了。不过，女孩对于爸爸的依恋，不会像男孩对于妈妈那样，女孩对于爸爸的爱是低调而微妙的。

孩子的这种行为，我认为是一种正常的发育表现。

对于学步期的孩子来说，最好的
礼物就是探索的自由。如果妈妈在这一
时期能够带着忍耐和宽容，用称赞和鼓
励引导孩子，那么孩子一定会越来越自
信，并自发地尝试各种事情。

第四章

第一反抗期(18~36个月)：
孩子看清真我的最初时期

　　第一反抗期，孩子的发育任务就是坚定对自我的认识，也就是要探索作为一个人，自己究竟是谁。同时，孩子还要学习怎样适应父母或社会对自己的期望。这个阶段，可以说是孩子睁开眼睛，看清真我的最初时期。

结束了学步期（12～18个月）的孩子，进入到与前一阶段完全不同的第一反抗期（18～36个月）。在这之前，即使父母说出一些违背孩子意愿的话，孩子也不会在感情上有什么反应，顶多是说一句"不要"。可是，忽然有一天，孩子带着情绪说，"我已经说了不喜欢，我不想吃"，明确地表达出自己的意愿。这，就代表孩子已经进入第一反抗期。

孩子的行为并不是随着年龄的增长越来越稳定和有礼。相反，孩子的成长和发育以6～12个月为周期，稳定阶段与不稳定阶段交替进行。如果说，学步期是稳定阶段的话，那么接下来就是不稳定的第一反抗期。

通常，按照孩子的年龄，单数年龄，即3岁、5岁、7岁、9岁是不稳定阶段，而双数年龄，即2岁、4岁、6岁、8岁是稳定阶段。

本书把第一反抗期的时间定义为18～36个月，是一个比较宽的范围。第一反抗期，发育快的孩子从18个月开始，发育较慢的孩子可能从24个月开始。第一反抗期结束时间，发育快的孩子则是在30个月，慢一些的会在36个月。

在这个阶段，孩子自我认识的眼镜上增加了两个镜片，就是"认识真我"和"社会反应"。孩子在这个时期的发育任务，就是坚定对自我的认识。也就是，要弄清自己作为一个人，究竟是谁。同时，孩子还要学习怎样适应父母或社会对自己的希望。

孩子出生的时候，是没有"自我"这种意识的。从包围着自己的环境中学会区分"自我"和"非自我"是需要一定时间的。

学步期的孩子，即使已经能到处走，仍然类似婴儿，纯真、可爱，所提出的要求一般都会得到满足。进入第一反抗期以后，孩子已经不再那么纯真，不再那么可爱，对自我生活的要求也不再像以前那样畅通无阻，而是要有条件地妥协。另外，因为要面对自己到底是谁，怎样对社会作出反应等庞大的命题和矛盾，也可以将这个阶段看作是孩子睁开眼睛，看清真我的最初时期。

为了确立真正的自我认识，在这
个时期，无论任何事情，孩子都会与
父母对抗。

这个时期，父母的
理解至关重要

　　这个时期，孩子会表现出一些类似于青春期（第二反抗期）
的特征。青春期，是从孩子到成人的过渡期。十几岁时，因为还
不能独立，孩子只能在父母确定的界限下，维持心理上的一种稳
定状态。不过，孩子为了成为大人，常常刻意摆脱作为孩子可以
享受的快乐生活，努力学习大人的行为方式。也就是说，孩子必
须要经历一个破坏稳定状态的反抗期。所以，青春期也被叫做不
稳定状态的反抗期。

　　知道了这个基本概念后，对青春期的孩子喜欢一些奇怪的音
乐，一些奇怪的发型，无缘由地反对父母的一切要求，就可以理
解了。

　　因为孩子还不清楚自己真正需要什么，为了知道自己到底想

要什么，他们需要一些时间来回顾和否定，以判断在这之前父母所寄予在自己身上的希望和期待是否也是自己所愿。为了更准确地认识自我，就必须先经过一个对父母的价值观和要求进行否定的过程。在这个过程中，青春期的孩子心里充满了混乱和紧张，并伴随着情绪上的不安。

从婴儿到儿童的过渡期

同样，第一反抗期（18～36个月）是从婴儿向儿童的过渡期。在孩子看来，整个过程都充满了精神上的"暴风骤雨"和"沉重压力"以及与父母的对立与反抗。

为了确立对自我的认识，在这个时期，有些事孩子是必然会做的。那就是无论任何事情，都要与父母对抗。要认清自己，实现自我满足，应该做些什么呢？为了知道这一点，孩子必然要经历一个无缘由抗拒父母的过程。

孩子的心到底为什么纠结

这个时期孩子的各种行为，其实应该是停留在婴儿阶段，或者是想要成为一个儿童的过渡阶段。他们不断地给父母"出难题"，要求父母教给自己哪些才是正确的。但是，站在父母的立场来看，孩子的"发难"就是这样也不行，那样也不行。所以，对父母来说，这个时期很难熬。

比如，孩子早上睁开眼睛，说"妈妈，我饿了，你快来"，妈妈说"来了"，并继续问"宝贝，渴吗？要不要先喝水？"孩子却不分青红皂白地开始哭。这时候，妈妈就慌了，"好的，知道了，不喝不喝"，孩子却一边说"讨厌"，一边继续哭。

其实，这恰恰表明，孩子在想要独立的希望与想要依靠妈妈的要求之间，有些不知所措。一直到妈妈说"好，来了"的时候，孩子心里还在想，要是妈妈能给我吃的就好了，想要依靠妈妈的感觉占上风。可是当妈妈说"宝贝，渴吗？要不要先喝水？"时，孩子想要自己去吃的想法更加强烈起来，因为妈妈破坏了他（她）想要独立的心情，所以孩子就暴发出了哭声。

穿衣服的时候，孩子有时吵着一定要自己穿，但有的时候又像小宝宝似的，希望妈妈给穿。实际上，一个"去不去买冰淇淋"这样的小问题，也会让这个时期的孩子纠结半天。

如果不知道孩子正处于第一反抗期，父母甚至会认为自己之前的教育方法错了，会不知不觉地抬起手打孩子。在讲演中，我曾经问过，大家第一次打孩子是什么时候？很多妈妈都回答是在这个时期。

Q 孩子固执又没礼貌，该怎么教育？

早上出门的时候，老二闹着不肯穿鞋，后来干脆躺到地上，还把头往地上撞，又哭又闹，最后给他换了一双鞋才安静下来。我让他为没有礼貌而向我和姨妈道歉。我的孩子似乎特别没有礼貌，又很固执，逆反心理还特别强。

我觉得，对长辈没礼貌一定要从小开始就进行纠正，所以经常因为这个教训他。当然我知道不应该体罚孩子，可今天早上的事，让我真的很想打他一顿。

孩子妈妈　智秀

• •

A 智秀，你好！其实完全不用因此生气，你这是在自寻烦恼。给我的感觉是，你总想把孩子放进自己设定的框框里。孩子现在已经进入了第一反抗期，如果妈妈不能了解孩子的成长过程，以后这样的事情将层出不穷。

第一反抗期是从婴儿到儿童的过渡，孩子可能停留在其中的任何一个阶段。因此，当孩子说"不要""不行"这样的话时，其实是在要求妈妈告诉自己哪些是正确的。这时候，对于一个很简单的问题，孩子也很纠结，不知道应该怎么做。这个时期，父母就必须面对一些非常艰难的状况。

在这种情况下，孩子正不知道是穿鞋还是不穿鞋，妈妈如果能积极地理解孩子的想法，说"你是不是不太喜欢这双鞋呀？"了解孩子不满情绪的原因，就不会出现早上那种混乱的状况了。不要阻止孩子表达他的感情，只有当那些负面的情绪转变为行动的时候，父母才需坚决表达出反对的态度。

　　现在，孩子最需要的就是父母的信任，可父母往往忽略了这一点，只是烦恼孩子没有礼貌，并把这种烦恼表现出来，还要孩子道歉。这无疑极大地伤害到孩子的自尊心。

　　请用心理解孩子。看着孩子的眼睛，思考一下他想要什么。这样，一定能够感受到孩子的需求。希望每个妈妈都能走上前去，认真倾听孩子的要求。

只要打破妈妈内心的框框，孩子与
妈妈都会变得很幸福。

02
第一反抗期，
小调皮的特征

用整个身心碰撞世界的时期

这个时期孩子的特征，是在寻找自我的过程中发展独立性。
他们精力旺盛，充满热情，活力十足，同时又表现出顽固、缺乏
变通，但也极其善变的特征。

到了这个时期，孩子的精力会出现惊人的增长：睡眠的时
间减少，每天都很活泼而令人愉悦，还对独自体验的世界充满热
情，并绝对关注周围的一切。总之一句话，这是一个孩子在用整
个身心与世界碰撞中进行学习的时期。

而且，孩子的语言能力会在这个时期有突飞猛进的发展。以
前，他们只关心"现在这里发生的事"。现在，他们会关注过去

或未来，以及当时不在眼前的人或事。

另一方面，这个时期的孩子还没有学会妥协、忍耐以及顺从，如果有想要的东西，他们会要求妈妈立刻去买。对于日常生活中的琐事，他们会确定严格的顺序，然后按照顺序进行。这个时期，孩子总是重复相同的行为与言语，很珍惜那些用旧或者熟悉的东西，甚至不肯接受新的食物、衣服等。所以，给孩子读故事的时候，如果稍微变化一些词语或者省掉一些内容，他（她）会立刻指出来，而且还表示出不满。

有时候，孩子会突然对自己的要求来个180度的大转弯。本来该给杯子里倒水，他（她）却要让往碗里盛饭，刚要盛饭，他（她）又让倒水。再拿系鞋带来举个例子，明明是还不能胜任这件事，却偏要自己系，系不好还大哭，发脾气。

坦然面对孩子的反抗

对于孩子第一反抗期（18～36个月）的规则和限制，必须具有足够的灵活性。父母可以按照一定的规律，定好给这个时期孩子穿衣服、洗澡、睡觉的时间，并认真遵守。

规则或限制，最好在第一反抗期结束的36个月龄之后再确定。在第一反抗期，与各种限定的规则相比，父母应该按照一个更宽泛的标准来面对孩子的成长。

36个月龄之前，孩子在图书馆里奔跑的时候，如果指责孩子，就是父母的不对了。因为这个年纪的孩子，还不能接受在图书馆里保持安静的规则。如果是明智的父母，最好不要带孩子到图书馆去，不给孩子制造这种不恰当的机会。从这个角度看，在36个月龄之前，带孩子去亲戚家也要慎重一些。

处于第一反抗期的孩子，充满了各种矛盾的情绪和要求。因此，如果标准过于严格，父母强迫孩子遵守其标准，表面上看孩子可能很听话或者非常顺从，但实际上，孩子的内心极有可能对此产生敌意。而这种敌意，也很可能一直伴随孩子长大。

如果一定要以非常严格的标准挫损孩子的反抗意识，那么，或许在这个时期，孩子会表现得顺从、礼貌，不跟妈妈闹别扭，成为标准的"好孩子"。但是上学以后，孩子很有可能会变得胆小，不善与人相处，做事畏首畏尾，不敢接受挑战。另外，虽然事事都被迫按照父母的意愿完成，但在没有人的时候，孩子会做出一些带有敌意的行为，如故意打破东西，或者欺负弟弟妹妹等，变成一个自以为是、偏执狭隘的人。

当然，无条件地满足孩子的任何要求，完全采取放任的态度养育孩子，孩子很有可能成为无视一切规则的问题儿童，因为孩子在成长过程中无法学习到顺从的方法。在地铁里跑来跑去，或者在图书馆里吵闹的孩子，可以断定是在放任的状态中成长起来的。他们无法学到日后生活的规则，只能承受一种不好的教育结果。

Q 孩子充满攻击性，在身体发育上出现了退步，怎么办？

每天从一早上，我就开始担心。我的孩子睡觉睡到10点，起来后就要喝奶，要吃巧克力，要吃糖。我的一天就是这样开始的。如果给他饭吃，他几乎是一口都不吃，甚至连看都不看一眼。有时我想干脆不管他，可那样的话，他真的会一天都不跟我要饭吃，还会不断开冰箱门。

如果带他去文化中心或是找其他小朋友，就更麻烦了，他总是打别的小朋友。就因为这个，几乎没有小朋友愿意到我们家来玩。现在孩子已经29个月了，完全看不到一点懂事的迹象。这真的让我很担心。我自己的性格也比较急，常常控制不住情绪，因此经常大声斥责他，甚至打他。

不知道为什么，现在孩子还学会了说脏话，可我们从来没跟他那么说过。现在，我觉得自己每天都徘徊在忍耐的边缘，几乎快要崩溃了。我嫂子跟我说，是不是应该带孩子去医院看看，接受一些治疗？昨天，我忍不住抱着孩子哭了，他一边给我擦眼泪，一边说，"妈妈别哭。"我一直在努力当个好妈妈，经常给他读书，陪他一起玩，现在却经常拿孩子没办法，感觉好像陷进了泥潭一样。

孩子似乎也有退步的表现，本来已经能自己小便了，最近又出现了尿裤子的情况。我想孩子似乎也承受着很大的压力，而且这压力恰恰是来自我。他会经常跟我说，"妈妈笑笑，妈妈笑笑！"

孩子妈妈　快乐安妮

A快乐安妮，你好！看来现在你完全不能理解孩子。如果稍微了解一些孩子的发育过程，就会知道孩子为什么会出现那样的行为，也就不会感到这么辛苦了。

看得出，你的孩子很聪明，发育得也很快。可是，妈妈却对孩子采取了暴力和斥责的方式，这才是导致孩子退步的原因。

孩子现在正处于第一反抗期的高潮阶段。这时候，孩子为了明确对自我的认识，会无缘由地否定一切。虽然可以看到孩子的精力增强了，语言流畅了，但是他仍然处于婴儿向儿童过渡的混乱状态中，因此会缠着妈妈，不断地要求妈妈教给自己怎么做才是正确的。

首先，我们可以从孩子吃东西说起。就算孩子不好好吃饭，也绝对到不了会饿坏的程度，不过是只靠牛奶或巧克力这些东西补充能量而已。如果孩子不肯吃饭，可以任由他去。因为孩子不肯吃饭而斥责他，只能让情况恶化。你说想让他饿着，所以把饭收走，孩子想找吃的，就只好不停地去开冰箱。那是因为冰箱里有吃的，所以孩子才会想要去开冰箱，如果没有吃的，他不就没理由再开了吗？

如果孩子不吃饭，可以假装不在意，并清空冰箱，不要发脾气，也不要呵斥孩子，只要这样坚持三天，他绝对会主动来跟你说要吃饭。没有观众，演员是无法进行表演的。对待这个时期的孩子，对他的一些负面行为要采取漠视的态度，但他做得好时，一定要充分地给予鼓励和称赞。

另外，去文化中心的时候，孩子打别的小朋友，也是因为妈妈打过孩子，孩子在跟妈妈学。如果从未体会过暴力，孩子根本不知道打人是怎么回事。孩子的社会性，并不是一定要跟其他小朋友在一起才得到培养。相反，如果妈妈站在孩子的角度考虑问题，给予孩子足够的关爱，那孩子就不会有欺负其他孩子的行为，也不会有打人的举动。

所以，以后一定不要打骂孩子，也不要给孩子制造一些不恰当的状况。妈妈的吓唬乃至打骂，在孩子心里留下的记忆需要一年的时间才能消失。在这段时间，希望妈妈可以认识到以前的问题，控制好自己的情绪，尽可能表现出对孩子的爱。

如果孩子与一些有不良习惯的孩子在一起玩，首先学会的就是说脏话。孩子说脏话的时候，妈妈采取呵斥的态度，孩子的这种行为就会更加严重。其实，妈妈完全不必过于在意，表现出泰然的样子就可以了。如果想把精力旺盛的孩子关在妈妈制定的小框框里，孩子只能通过反抗来表示对妈妈的不满。如果孩子因为压力大而尿裤子，那就要努力帮孩子消除压力。

先不要管周围的人怎么说，按照我的建议试试看。一年以后，我相信你一定会有这样的感受：为什么明天的太阳不快点升起来？一想到明天要和孩子一起玩，你甚至会激动得睡不着觉。不要把与孩子在一起看做是煎熬，只要打破妈妈内心的框框，孩子与妈妈都会变得很幸福。

只有允许孩子表达出负面的情感，
孩子的内心才有接受正面情感的余地。

03 必须区分孩子的 感情与行为

专制的教育与放任的教育

所谓"专制的教育"，指的是过分控制孩子，或过分干涉孩子的自由。这种教育方式，父母总是希望孩子能够完全遵守其确定好的规则。相反，"放任的教育"则是对孩子不负任何责任，完全任由孩子自由发展。也就是说，如果孩子不喜欢妈妈提出的限制或规则，可以改变或取消这些规则，完全按照孩子的意志行事。放任的教育，完全颠倒了父母与子女的立场，代替父母来支配家庭的孩子，会出现一种"暴君综合征"。

专制教育与放任教育之间，存在着一种微妙的平衡。这句话的意思是，父母可以按照一个宽松的标准来接纳孩子的要求，同时也要让孩子明白，生活在这个世界上，必须要遵守一些基本的原则和规范。

要想实现这种平衡，首先必须区分孩子的感情和行为。

感情，是指孩子生气、高兴、害怕、害羞等内在的情绪。感情是孩子内心产生的。怎样的感觉，什么时候去感觉，对于这些，孩子还不具备调节的能力。他们可能突然发脾气，或者满怀敌意。对于第一反抗期（18~36个月）的孩子，还不能要求他们控制愤怒。

行为，则是发自内心的感情外在表露出的具体表现。比如你说"别跑"，他（她）依然跑；你说"不能打人"，他（她）继续打别的孩子；你说"不要扬沙子"，他（她）还是把沙子扔到别的孩子头上，等等。

制止错误的行为，但要允许情感的表达

即使只是出于对孩子健康的考虑，也应该允许孩子表达感情。除了好的感情，也要允许孩子表达那些不好的感情。不必因此觉得孩子不好，或是抑制孩子表达不好的感情。

有时候，只大一岁的哥哥说，"妈妈，我讨厌弟弟"，妈妈的第一反应可能是，"不许那么说，他是你弟弟"。其实，因为弟弟分走了妈妈对自己的爱，所以哥哥很自然地对此有所抵触。他这样说，是希望能从妈妈那里得到更多爱而已。这时候，妈妈可以说，"是吗？告诉妈妈你为什么会那么想呢？"首先要能接受孩子的想法，然后很自然地修正孩子的这种负面情感。

只有允许孩子表达出负面的情感，孩子的内心才有接受正面

情感的余地。在韩国，多数孩子父母生活的那个时代，从孩提时期起，表达这种负面情感就是被禁止的，因此父母在下意识中，也有一种强烈的倾向——想要遏制孩子表达负面的情感。在这种情况下，孩子可能会在父母察觉不到的时候，出现偷偷打弟弟的行为，并慢慢成长为狡猾的人。

对于孩子的情感表达，当然应该采取允许的态度。但是，当孩子的情绪表现为反社会时，应该坚决制止。孩子可以对父母或是其他小朋友发脾气，甚至表现出敌意，但是，当这种情绪转化为行动的时候，父母必须马上加以制止。

比如，孩子在马路上跑来跑去，或靠近燃烧的火炉，这些都是危及生命的不安全行为，一定要坚决制止。孩子向别的小朋友扬沙子、吐唾沫，甚至打人的时候，父母必须坚持一贯的态度——坚决制止，并告诉孩子那样做是错误的。

Q **孩子养成了很多坏习惯，应该怎么纠正呢？**

我的儿子26个月，大概是因为快到最讨人嫌的3岁了，最近，我发现他添了很多坏习惯。只要一不称心，他就吐唾沫，还打人。去餐厅吃饭，告诉他不要乱跑，待在爸爸旁边，他还用脚踢爸爸……因为我要上班，这反而让他更依赖我，能自己做的事也不肯做。老二出生以后要送他去幼儿园了，可我很担心，怕他不能适应幼儿园的生活。应该怎么纠正孩子的这些不良习惯呢？

基赫妈妈

A 基赫妈妈，你好！所谓深深的关爱，包括很多东西，有对孩子的绝对信任，对孩子发育过程的理解，把孩子一些负面行为最小化的领悟，接纳孩子的想法等，但对于孩子的危险行为或妨碍到他人的行为，一定要坚决制止。

孩子吐唾沫，打人，用脚踢爸爸……这些行为显然是从别人那里学来的。这意味着，孩子曾经有过挨打的体验。有些父母甚至教孩子可以打那些比自己弱的人，这样的教导，当然会导致孩子欺负别人。

26个月大的孩子，怎么可能分辨得清楚是不是可以在餐厅里跑来跑去呢！36个月龄之前，孩子在餐厅里跑来跑去是非常正常的现象，因为这时候他们的好奇心要比分辨能力更强。所以，只要他没有妨碍到别人，不必为此太介意。当然，在孩子具备这种分辨能力之前，最好还是少带他去那种不适当的场所。

通常情况下，当孩子想要做什么的时候，父母都会制止，很少会先了解和接纳孩子的想法。

　　无条件的容忍并不是关爱。很多职场妈妈因为无法照顾孩子而感到内疚，因此就代替孩子做所有的事，包括那些应该由孩子自己做的事。但是，深深的关爱，是在孩子希望一个人的时候，给他独处的机会。这时候你只要在旁边默默地注视，然后在孩子完成以后给他真心的称赞和鼓励就足够了。

Q 好好跟孩子说，根本不起任何作用，我该怎么办？

　　我的孩子22个月了。我对他一直很宽松，但我不知道这算不算放任型的教育。孩子想吃饭的时候，他就立刻躺下来。起初我让他坐起来吃，他根本就不听，还是那样躺着。以后去别的地方不能也像在家这样躺着吃饭啊，所以我还是一直跟他说，让他坐着吃，不过这似乎没有什么效果。

　　另外，孩子还特别不喜欢刷牙和洗头。每天做这些事情都像打仗一样，哭得很凶。我真的不知道该怎么做了。小蓝爸爸也说过不要让孩子哭，要好好跟孩子说，可他根本不听，我该怎么办？

孩子妈妈　朱迪

A 朱迪，你好！对于22个月大的孩子来说，不要强迫他遵守什么标准。等到36个月大以后，孩子能够进行一定的沟通了，父母再教他这些也为时不晚。

　　如果孩子不喜欢吃饭，不必一直逼着他吃，让他饿一顿也没关系。如果他想一个人吃，就给他这样的机会。如果他一定要躺着，就把饭收走，等到他要的时候再给他。如果妈妈一直喂，孩子就会继续躺着吃。

如果孩子不喜欢刷牙和洗头，妈妈不要强迫他。孩子之所以不喜欢洗头，是因为水曾经进到他的耳朵或眼睛里，让他觉得很不舒服。在这种情况下，越是强迫，他就越固执，还反抗。一般情况下，孩子都喜欢玩水，可以让他一边玩水，一边帮他洗头。如果孩子不喜欢刷牙，可以给他讲一些小朋友不刷牙结果长了虫牙的故事，还可以给他看一些虫牙的图片，告诉他为什么要刷牙。

其实，还是妈妈的标准太高了。事实上，几天不吃饭，孩子也不会饿死，几天不刷牙不洗头也不会有什么问题。妈妈最好经常鼓励孩子，"我的宝贝，头发洗得真干净""吃完饭就去刷牙，真是太懂事了"，而不要强迫孩子做这些事。

妈妈希望孩子做的事情，可以假装孩子已经做了，并称赞他。这样一来，孩子就会真的去那样做。如果妈妈能坚持给孩子称赞和鼓励，慢慢地，教育孩子会变得非常容易。

觉得育儿困难，是因为妈妈还没有
读懂孩子的眼睛和内心。

04
威胁会助长孩子
的不良行为

不打不骂教孩子

　　面对一些性格强硬的孩子，威胁并不能阻止他（她）做想做的事情。威胁孩子，反而会加速这种行为的产生。大部分父母都认为，呵斥孩子会让孩子的那些不正确行为消失。不要忘记，呵斥这种负面的关心也是一种关心。当孩子意识到这是父母的关心，这种行为就会进一步加重，孩子不良行为的发生频率也会增加。如此一来，父母开始只是小声指责，后来嗓音就越来越高，因为一心想要纠正孩子的行为，父母甚至动手打孩子。但是，因为情绪越来越激动，到最后，父母可能连为什么打孩子都忘了。这样，反而会让孩子的坏习惯越来越严重。以我的经验来看，经常受到打骂、威胁的孩子，分辨能力很弱。

如果孩子做出一些错误的行为，对他（她）的行为置之不理，可能要比打他（她）效果更好。还是那句话，没有观众的时候，演员无法继续表演下去。如果父母完全漠视，孩子的不良行为也会慢慢消失。

当然，漠不关心并不能引导孩子行为向好的方向发展。父母应该做的是，在语言和行为上保持一致，给孩子做出榜样，赢得孩子的信任。另外，父母要真正接受孩子内心的想法，并让孩子懂得"己所不欲，勿施于人"的道理。

为孩子做出榜样是最好的教育方法

孩子会通过观察父母的反应来判断自己到底应该怎么做。对子女的错误行为，如果父母心情好的时候采取宽容态度，心情不佳的时候，就坚决不能容忍，孩子就无从判断自己的行为到底是错误还是正确。这样做反而给孩子制造了反驳的理由：上次可以，为什么这次不可以呢？所以，在培养某种习惯的最初阶段，父母的反应必须要保持前后一致。

如果父母不骂人，不使用暴力，孩子就会在没有辱骂和暴力的环境中成长。有时候，孩子为了表示亲近可能会无意识地抓破其他孩子的脸。这时候，一定要表示对孩子的理解，"你是喜欢他才会那样的，对不对？"同时也要对孩子说明情况，"但是，你把小朋友的脸抓伤，他会很疼的。"

Q 打板子会给孩子带来挫折感吗?

我的儿子19个月,一直与爷爷奶奶生活在一起。我每次训斥孩子的时候,都用打板子的方式。爷爷奶奶说,孩子只要一看妈妈的脸色,就知道是不是又要挨打了。当孩子不听话、胡闹,或者跟他说了仍然没有用的时候,我就用板子打他,然后他马上就老实了。这种情况每天至少一次,我很想知道,这会不会让孩子有受伤或者受挫的感觉。

另外,有时我一着急,就不自觉地提高嗓音。可孩子不听话,让我数落和呵斥的时候特别多。这让我觉得很累。

孩子妈妈　刺猬

● ●

A 刺猬,你好!爷爷奶奶说得很对。现在虽然孩子因为害怕挨板子而听妈妈的话,但是等孩子再长大一些,即使你拿着棒球棒,他也不会眨一下眼睛。如果你不想让孩子从此以后只听棍棒的话,最好不要再打孩子。

我觉得你应该好好思考一下,为什么孩子会不听话?首先,可能是因为妈妈忽略了孩子的要求。所有孩子对这个世界都充满了好奇,总想要摸摸这个,碰碰那个,并以此来满足自己的好奇心。但是,从妈妈的角度看,就会觉得孩子把家里弄得很乱。其实,这就在无形中限制了孩子的好奇心。

孩子的好奇心来自一种生存的本能,只有快速地了解更多东西,才能让他们战胜生存的恐惧。当父母限制他们这样做的时候,出于本能,孩子必然会反抗。所以,如果不是危及安全与生命，应该尽量多为孩子创造尝试的机会。

第二，可能是因为妈妈把孩子想得过于简单了。在养育孩子的过程中，有一个不变的原则，那就是父母给出足够的关怀，孩子就会表现得很合作。因为孩子的行为来自于对父母的学习。如果妈妈有耐心，懂得关怀孩子，孩子当然会听妈妈的话。但是，如果妈妈对孩子很粗暴，孩子会表现得更加固执。

举个例子，从这里到那里需要一个小时，如果准备带孩子去的话，妈妈就应该准备出两个小时来。因为孩子是绝对不会走直线的，在途中他可能还要东摸摸西看看。预先考虑到这些状况，就是父母对孩子的一种关爱。

乘电梯的时候，要提前想到，或许孩子想要按按钮，因此进电梯以后最好先等一会儿再按按钮。如果没考虑到这一点，妈妈一进电梯就先按了按钮，剩下的时间，恐怕就只能被孩子烦了。

当孩子固执己见，哭闹不停的时候，与其无条件地哄他（她），不如先想想孩子是因为什么才这样的，然后想办法解决。

很多时候，一件事正确与否并不是靠声音高低决定的。小蓝小的时候，我们从来没有对他大声嚷嚷过。在深深的关爱中，即使小蓝做出一些错误的行为，我们也会先认为，他这样做一定是有原因的，并主动询问他。看到我们的这种反应，小蓝便会自己调整自己的行为。从这方面看，我和妻子的育儿过程其实很顺利，我们不会因为孩子的一些错误行为随便指责他。

如果妈妈把对待孩子的标准放宽一些，养育孩子其实是很容易的事。如果孩子不想吃饭，就让他饿着，直到想吃为止；孩子想做什么，都给他机会去尝试。觉得育儿困难，是因为妈妈还没有读懂孩子的眼睛和内心。

Q 孩子常和爸爸争吵，该怎么办？

我的两个儿子只有在周末才能见到爸爸。他们本来应该很愉快地相处，却总是"爆发战争"。老大总是提出各种要求，一不满意就耍赖、哭闹，这让爸爸有些不知所措。老大25个月，胆子很小，从小最怕的就是一个人被关在一间屋子里，而丈夫经常把哭闹的孩子一个人关在房间里，如果我表示反对，紧接着的就是我们夫妻的争吵。这种情况几乎每周都会上演。丈夫很清楚孩子的情况，为什么还要发那么大脾气呢？难道父母中一定要有一个人特别凶吗？

老二出生2个月，丈夫曾经狠狠地教训过老大一次。从那次之后，孩子更加胆小了，哪里都不敢去，干什么都畏畏缩缩。要是别的孩子抢了他的玩具，他只会拉着我的手让我帮他抢回来，根本不敢直接反抗。其实，老大是一个很善良的孩子，当我心情不好或是感觉很累的时候，他都会走过来亲亲我，轻轻地抱我一下，甚至还帮我按摩肩膀。我的内心常常感到很不安，觉得孩子的这种变化都是我造成的。我们应该做出一些什么样的调整呢？

孩子妈妈　钟缘

A钟缘，你好！教育，就是用真心去改变一个人。对孩子的教育，只有在父母与子女之间的亲密感中才能实现。如果对孩子很凶，孩子在当时可能因为害怕而听话，但是恐惧也会同时积聚在孩子的内心。而且，孩子的这种改变并不是因为他理解了什么，只是为了躲避恐惧被迫那样做而已。这种感觉一点点积累下来，孩子内心的力量就会慢慢消失，逐渐陷入那种别人说就做，别人不说就不做的被动状态。而且，如果在这个阶段，孩子的正常发育遭到遏制，到青春期的时候，孩子很可能出现大爆发。

用暴力面对孩子，是因为只关注眼前的现象，没有理解爱的深刻含义，不了解孩子的成长过程。如果父母认为教育就是打孩子，那被打的孩子最先学会的也是暴力。孩子走出去以后，会对比自己弱小的人使用暴力，因为在孩子挨打的时候，他所学到的，往往是父母没有意料到的。

那些得到深深关爱的孩子，会很自然地成长，懂得关心别人。他们得到了深深的关爱，自尊心没有受到伤害，自我认识也越来越明确。因此，这样的孩子绝对不会伤害别人，或做出降低自己自尊心的行为。

小蓝网上有很多孩子，从胎教的时候开始，一直到读书阶段，都在深深的关爱中长大。他们从来没有挨过一次打，所感受到的全部都是爱，他们也懂得关怀父母，任何事情都用语言解决。这些孩子拥有稳定的情绪和聪明的头脑，知道关心别人，也都有美丽的心灵。

我看到过，曾经遭受打骂的孩子，因为给予了深深的关爱所带来的变化。很多妈妈告诉我，打孩子的时候，无论怎么打，孩子都只是表面上改变，可在得到深深的关爱以后，孩子却发生了根本性的变化——这让妈妈们都非常感动。每次看到这样的妈妈，我都会再次肯定爱的力量。

时间过去之后，我们就可以知道哪些是对的，哪些是错的。可当时间过去，明白了这些以后，孩子已经长大，再也不能回到从前了。因此，如果是明智的父母，就应该在时间过去之前想好到底应该怎么做。

孩子都是很敏感的，都渴望获得深深的关爱，所以他会主动安慰妈妈。这样的孩子虽然和妈妈关系很好，但在外人看来，会觉得孩子过于消极。不要觉得老大就顺理成章地应该坚强、强大。其实，这种强大，是在得到温柔以及尊重后，随着自我意识的实现而逐渐培养起来的。

目前，老大还没有爸爸想象得那么成熟，所以在老二出生以后，才表现出了退步的情况。事实上，孩子也因此陷入了一种困难的境地。越是这样，父母越应该对孩子倾注更多的感情，帮助孩子稳定情绪，促进成长。当然，这也只是孩子发育过程中的一种正常现象，妈妈毋庸把这件事想得太严重。

不必动摇，继续给孩子更多的爱吧。当爸爸明白孩子的成长过程时，爸爸的态度就会发生变化。

05 积极感受孩子的内心世界

孩子感到害怕、愤怒、不知所措，感到受伤害的时候，除了希望父母允许自己表达情感，还希望父母真正理解自己的心情。

积极地接纳孩子的感受

怎么做才能让孩子知道父母能够理解他（她）的心情呢？这时候，其实只要积极地接受孩子的情绪，并表达出自己也有同感就可以了。也就是说，用自己的话把对方的情感表达出来，就好像反射一样，反馈给对方，让孩子知道，父母也有相同的感受。

比如，弟弟说"哥哥打我了"，大部分父母会把两个孩子都叫过来，开始做裁判，"到底是谁先动的手""你是哥哥，应该好好照顾弟弟""弟弟应该尊敬哥哥"。这样，往往是以两个孩子都被教训宣告结束。

积极地接纳孩子的感受，就应该在弟弟说"哥哥打我"的时候，充满感情地先询问，"啊？哥哥打你了？哥哥打你，你很伤心吧？是不是还哭了？"用自己的语言替孩子表达出其内心的感受，孩子就会因为妈妈能够理解自己的感受，逐渐具备自我调节情绪的能力。

这种积极接纳的方法适用于各种情况。在第一反抗期（18～36个月）结束之后，孩子的想象力会迅速发展，偶尔会说出一些让人出乎意料的话语。比如，正要回自己房间睡觉，孩子突然好像很害怕似的，跑出来说房间里有怪物。

这时候，不懂教育的爸爸会大声呵斥孩子，"不要胡说，哪儿有什么怪物？"虽然为了证明没有怪物，爸爸还会走进孩子房间检查一番，但是，这样做并不能完全消除孩子的恐惧。

同样是这种情况，采用积极接纳的方法，效果会更好。"快过来告诉我是怎么回事""怪物是不是特别可怕""怪物把你吓坏了，对不对"……这些话都可以表达出对孩子的理解。这时候，不要说鼓励孩子的话，也不要压抑孩子的情感表达，而应该对孩子的心情表示理解，并把这种同感用语言表达出来。孩子听到父母的话后，也会说出自己想象中的怪物有多可怕，自己又是怎么把怪物推下了山崖。这样，孩子的情绪得到宣泄以后，过不了多久，孩子就忘记刚才那种恐惧的情绪，安然入睡。

"积极的接纳"是我随时都会对小蓝采取的做法，特别是在改变孩子行为方面，效果非常好。就算我们错误理解了小蓝当时的心情，他也会说，"不是，不是那样的"。还会被吸引过来，和父母展开一场亲密的对话。

情感得到接纳的孩子更懂得关心人

　　如果父母想要采用这种积极接纳的方式进行教育，必须允许孩子自由地表达自己的感情。当孩子表现出一些负面情绪或者是对父母的不满时，有些家长就会产生这样的疑问，"如果任由孩子这样发展下去，这种情绪是不是越来越严重，孩子会不会更不把父母放在眼里了呢？"其实，结果正好相反。

　　因为父母能够积极地体会孩子的心情，给予孩子细致的关心，让孩子吐露心声，孩子也会在不知不觉中学会这种关注与关心，并把它们反馈给父母。经过了这个特定的时期以后，孩子的负面情绪会明显减少，会更加能够体会父母的良苦用心。在父母感到困难的时候，孩子会懂得关心和安慰父母。

　　甚至有些父母看到懂得关心妈妈的孩子时会担心，孩子是不是太早熟了，或者孩子是不是做了什么错事，故意在讨好家长？其实，这正是孩子具备了一定的分辨能力以及开始懂得关心别人的证据。

　　父母也是人，当然会有生气、发火的时候。当听到妈妈跟自己发脾气，"小子，你就不能安静点儿吗？"孩子会用整个身心接受并忍耐妈妈的怒火。当然，当妈妈消气以后，最好对刚才的行为向孩子道歉，"刚才妈妈发脾气了，对不起，现在没事了"，并紧紧地抱抱孩子，以给他安慰。

情感得到积极接纳的孩子，遇到妈妈发脾气的情况时，首先会抚慰妈妈，"妈妈现在已经消气了吗""妈妈不发火真好"。这时候，妈妈完全不必认为自己的行为伤害了孩子幼小的心灵，这不过就是孩子把从父母那里学习到的东西又回报给父母而已。

孩子是父母的镜子。如果父母能给予孩子最深切的关心和爱护，孩子也会把所得到的全部归还给父母。

既要接纳孩子的情绪，又要让孩子遵守规范

如果想同时教会孩子自由表达情感以及遵守社会行为规范，只要能恰当地采取这种积极的接纳方式就足够了。例如，已经到了该回家的时间，可孩子正在公园里玩得很开心，这时候最好先跟孩子说，"宝贝，再玩10分钟我们就回家喽"。

10分钟以后再催促孩子的时候，孩子丝毫没有想停下来的意思，一定会说，"不行，我要再玩一会儿"。这时候，妈妈应该积极地接纳孩子的想法：

"看来玩沙子很有意思，所以你还想继续玩。"

"是的，我还要玩。"

"原来是太好玩了，所以不想回家啊！"

像这样过几分钟以后，一边对孩子的心情表示同感，一边时间也过去了，然后就可以抱起孩子回家了。如果孩子还挣

扎，不肯走，可以说，"我的宝贝还想再玩一会儿，可是妈妈要带你回家，所以不高兴了，是不是？"这样能够充分安抚孩子的情绪。

当孩子哭闹、不肯回家的时候，如果妈妈总是应允，那孩子将来很可能会成长为一个拒绝服从正当规范的"小暴君"，因为这时候妈妈没有教会孩子正确的社会行为规范。如果长此下去，以后妈妈就只能乞求孩子了。

如果不对孩子的情绪产生共鸣，只是单方面遏制，那么，孩子除了自尊心受到伤害以外，生活态度也会变得越来越消极。

在接纳孩子情绪并带孩子回家的同时，还要告诉孩子，"你当然会不高兴，换做是我，玩得正开心的时候有人来打扰，我也会不高兴。不过，我们不能无限制地玩下去。虽然你不喜欢，但我们确实应该回家了。"

虽然这只是一个实例，但这种方法可以应用到所有的事情中。既要给孩子表达情绪的机会，接纳孩子的感情，父母也要表明自己的立场，让孩子明白，必须要服从那些正确的行为规则。如果能让孩子顺利地度过第一反抗期，那么在以后的日子里就不会再出现类似困难。

要把孩子作为一个有尊严的人来对待

要强调的是，必须要把孩子作为一个有尊严的人来对待，要理解孩子的心情，坚持与他（她）进行沟通。这样的话，孩子就不会动不动就耍赖和哭闹了。

小蓝小时候非常喜欢汽车。每次他缠着妈妈给他买汽车玩具的时候，小蓝妈妈首先表现得很理解他的心情，"小蓝，你很想要汽车，是吗？"然后坦率地告诉孩子实际的状况，"可是我们现在没有钱"，并表示希望孩子能够明白这一现实情况。

想要一辆新玩具汽车的心情虽然很强烈，可妈妈说没钱。面对这种情况，小蓝很明白，即使自己再纠缠也是没有用的。常常是，走出玩具店后没几步，小蓝忽然停下来问妈妈，"妈妈，现在我们有钱了吗？"听到孩子这样问，看着孩子那渴求的眼神，小蓝妈妈当时真想立刻买给他。可是，她更希望自己的孩子学会忍耐和等待，而不是要求得不到满足就耍赖、哭闹。所以，她这样说，"小蓝，你真的很想要那个汽车，对不对？可是，只有等爸爸挣到足够的钱，我们才能买。等爸爸挣钱回来，我们明天再来买。"在这样的教养中，让孩子学会等待。

一旦与孩子有了约定，就必须要遵守约定。后来给小蓝买汽车的时候，妈妈没有忘记给孩子鼓励，"妈妈很高兴你能等待，既然你能等待，妈妈就一定会说话算话。"通过这样的对话，既接纳了孩子的想法，又略为延后才满足孩子的要求。这样做可以让孩子明白一个事实：靠耍赖、哭闹并不能达到目的。从那以后，所有的事情都是通过这样的对话来解决的。

对孩子的爱不应有附加条件

爱孩子的时候，语言和行为必须要保持绝对一致，必须要真心地给予孩子关爱，并让孩子能够感受到。很多父母认为自己很爱孩子，但他们却给这种爱附加了很多条件。

例如，已经过了晚上10点，孩子还在看电视，并缠着父母买喜欢的玩具。站在父母的立场看，这么晚了，就算出去买玩具，商店也关门了。所以这时候就会跟孩子说，"不行，现在商店已经关门了"，告诉孩子不行的理由。

这个时期的孩子，思考问题都是以自我为中心的。所以，只要没亲眼看到，就会一哭到底，坚持自己的要求。

如果给孩子真心的关爱，首先，就必须接纳孩子的感受。"看来你真的很想要那个玩具，现在太晚了，商店可能都关门了。不过，我们可以去看看！"重新换上出门的衣服，在深夜带孩子外出，的确是件辛苦的事。不过，父母的爱是不该有任何附加条件的。

到了以后，孩子看到商店确实已经关门，这时候妈妈要求明天再来买的时候，孩子就会立刻同意，并具备了调节情绪的力量。通过这种无条件的爱，父母与孩子之间建立起了一种绝对信任的关系。给孩子的爱，就应该是没有计算的绝对的爱。因为，如果给爱加上条件，孩子就会把父母的爱看作是交换的对象。

Q 我可以自己做，妈妈为什么不同意？

我的儿子29个月多了，他总是不肯吃饭，不肯睡觉，甚至严重的时候还要带他去医院。而且，只要往书前一坐，他就吵闹着不要睡觉，变得特别神经质。白天只要我一躺下，他就说，"妈妈别睡，我拿书来了。"

孩子很有主意，谁的话也不肯听。对第一次见到的事情，如果我想给他解释，往往是他不肯听也不肯看。"我自己就可以，妈妈为什么总是管我""可是不行"……就这样，说着说着我们俩就争起来，最后总是以孩子的哭闹告终。他脾气很急，如果我帮他，他就反抗，总要无条件地从一开始就自己来，可他不知道方法，又不想知道，总是吵闹得不行。这时候不管我说什么，他都只是哭——他根本不了解我是想帮他。往往弄得我也很生气，甚至跟他说："我不想再跟你说话。"

有时候，孩子还要求自己做饭。做饭的时候，他会把饭放进锅里煮半小时，焯菠菜要一小时，炒土豆要一小时，放盐放蒜放辣椒粉这些，都要按照他想要的量去放，而且所有的这些事情都必须他自己亲手做。其实，我不是不能容忍他把所有的东西都撒在地上，做这些事要花费的时间和孩子手腕、手背、手指的伤才是问题所在。

从第一反抗期开始孩子就这样，到现在已经过了一年多了。上卫生间的时候，孩子总要自己擦屁股，早上，他也要求自己漱口。我们上厕所的时候，打开或者关上灯，撕卫生纸，盖上马桶盖……所有这些都必须得到孩子的许可才行。虽然我不是那种对孩子特别苛刻的妈妈，但依然被他的这些"规矩"弄得很累，很想把肩上的担子卸下一些。

孩子妈妈 小赫万岁

A 小赫万岁，你好！从你的叙述中，我觉得你的孩子未来很可能会大有作为，只不过，这样的孩子在这个时候具有一些特别的表现。对此，妈妈可能还不太了解。如果父母不了解这种具有特殊潜质孩子的特点，也不知道该如何发掘孩子的潜质，那孩子未来的前途可能还不如那些普通的孩子。

和其他孩子相比，这个孩子的行为比较奇特，所以你肯定会有些担心。但在我看来，这或许正是天才儿童的典型特征。

敏感的孩子睡眠和吃饭都不太好，小蓝就是那样。但他还不会为了要求我给他读书而不睡觉。

孩子知道，学习所带来的乐趣要比睡觉大得多。这在马斯洛需求层次理论①中提到过。睡觉和吃饭一样，都是低层次需求，这些需求一旦得到满足就会消失。而对学习的需求，是高层次的需求。这种需求，越得到满足就会产生更多。只有这时候，孩子才会提出熬夜读书这种要求。

所以，你现在要做的是，尽快教孩子认字，然后让他自己尽情地读书。其他的，当孩子想睡觉的时候让他睡，想吃饭的时候

---

①马斯洛需求层次理论，亦称"基本需求层次理论"。把需求分成生理需求、安全需求、归属与爱的需求、尊重需求和自我实现需求五类，并依次由较低层次到较高层次排列。——译者

让他吃，就可以了。

有主见，同样也是天才孩子的特征之一。这种自主性表现在，无论什么事，孩子都想要自己去做。特别是发育快的孩子，自主性方面的需求更强烈，即使是自己做不了的事情。他首先要求去尝试，如果中途继续不下去了，就哭闹。有时，这种孩子还会要求做一些自己根本做不到的事情，往往因此把妈妈弄得很辛苦。

这时候，妈妈开始先不要帮忙。如果在孩子要求帮助之前就伸出援手，会伤害到孩子的自主性。其实，妈妈这时候只要接纳孩子的感受就可以了，然后就是等待。应该理解孩子，"你想自己做这件事，不做你就很不高兴。"

妈妈越是想要说服孩子，孩子的反抗就越强烈。孩子被火烧到，就是妈妈没有充分接纳孩子想法的结果。如果妈妈能够接纳孩子的想法，耐心告诉他这样做存在哪些危险，然后再为他制造可以尝试的机会，孩子就不这么固执了。你的做法，只能是把过度敏感孩子的反抗时间延长。

06
这是孩子语言快速发展的时期

第一反抗期(18~36个月)的一个突出特征，就是语言急速发展。在之前的学步期（12~18个月），孩子虽然可以听懂大人的话，但是自己表达起来还不太熟练。到了24个月以后，孩子可以熟练地说出想说的话。18个月时说的"门，开"这种由两个单字组成的话，现在已经变成了 "爸爸去哪儿了""爸爸去买报纸了""我还不困呢"这样完整的句子了。这时候孩子所使用的词汇也出现了大幅度增加。

在学步期，父母的话语已经刻在了孩子的脑海中，到了第一反抗期，那些话语就会成为孩子的语言被说出来。一般来说，父母跟孩子说得越多，孩子掌握的词汇量就越大。所以，父母应该像"话痨"似的，不停地跟孩子说话。

现在是教孩子认字的最佳时期

语言，可以促进智力发育的飞跃。我们常说的IQ测试，是对智商的测试，其实也是一种考察孩子掌握了多少词汇的语言性测试。IQ测试中虽然也有动作性测试，不过并不占主流。

掌握了说话的能力以后，孩子就可以制订计划，发挥想象力，并享受幻想的乐趣。因为可以用语言表达自己的意愿，孩子的要赖、哭闹、暴力行为都会大幅减少。这时候，孩子的精神生活，也会出现一个极大的飞跃。

这个时期的孩子，对语言的需求如饥似渴。如果之前把大量时间都花在了发展孩子的运动能力方面，从现在开始，要把更多的时间用于孩子的语言学习。

打铁要趁热。同样，在语言发育的关键期，也就是第一反抗期，父母要为孩子创造丰富的语言环境，促进孩子的语言发育。

所谓丰富的语言环境，大致可以分为两个层面。一是父母多跟孩子说话，耐心地解释孩子感兴趣的一切东西。这是帮孩子增加词汇量的一种很好方法。另一个层面，就是教孩子认识文字，掌握学习语言的工具，让孩子学会自己看书。这样有助于让孩子自己掌握更多的词汇。

有些妈妈可能觉得，在这个时期就教孩子认字，是不是太早了？在趣味活动中教孩子认字，孩子可以在很轻松的氛围中就学会了。而且，掌握了文字的孩子，可以自己学习知识，还能扩展词汇量。如果孩子能够认字并能够阅读，就可以打开整个文字世界，孩子的智力发育也会因此突飞猛进。

孩子提问越多说明智力正在发育

到了这个时期，孩子的智力发育会通过提问题体现出来。首先，孩子会通过"这是什么""那是什么"来询问所看到的一切东西。因为孩子问的问题实在太多了，多到会让父母感到非常吃惊。不过，孩子的问题越多，越说明孩子的智力正在发育，也说明这是一个非常聪明的孩子。

妈妈正在做家务，如果孩子在此时提出问题，妈妈应该马上停下手上的活，认真倾听孩子的问题。如果妈妈觉得很烦，"噢，这个问题爸爸知道，你去问爸爸吧"，把问题扔给爸爸，爸爸正在看电视，不想被打扰，"那是妈妈的强项，去问妈妈"，再把问题扔回给妈妈，孩子对知识的渴求就会在父母的推来推去中慢慢消失。对孩子的提问，无论多么难于回答，多么琐碎而无趣，作为父母，都应该认真倾听和回答。

当孩子问"妈妈，小孩子是从哪儿来的"时，不要以这样的方式回答他，"从垃圾桶里捡的"或者"从辣椒地捡的"。应该忠于事实，把事实简略后告诉孩子，"爸爸有精子，妈妈有卵子，精子和卵子相遇以后，就变成了受精卵"。

有些父母对使用这些词语有些忌讳，因而不愿意孩子知道这些词语。但是，每个孩子都是学习语言的天才，他们会吸收并接受所有的词汇。孩子的提问越来越复杂，总有一天，孩子会问出一些高深的问题，这时候可能父母会因为不知如何回答而手足无措。

妈妈如何回答孩子的问题可不是个小事

妈妈回答孩子问题的时候，通常都惧怕那类"车轱辘问题"。例如，妈妈不小心把冰块掉在地板上，妈妈和孩子之间可能就会出现下面这样的对话。

孩子："冰块为什么是凉的？"

妈妈："因为是冻着的，所以是凉的。"

孩子："为什么会冻着呢？"

妈妈："因为很冷。"

孩子："你怎么把它变冷的？"

妈妈："把它放到冰箱里，冰箱里很冷。"

孩子："冰箱里为什么很冷？"

妈妈："因为有电动机。"

孩子："为什么会有电动机？"

妈妈："为了让冰箱里变冷呀。"

孩子："冰箱为什么会变冷？"

妈妈："不知道，你不要再问我了，去玩别的吧。"

有时候，孩子会问得比这个更详细、更认真，而妈妈，应该在自己知道的范围内，以更容易理解的方式回答孩子。比如，还是以上面这种情况为例。

孩子："冰块为什么是凉的？"

妈妈："冰块是水冻住以后形成的。当温度降到0℃以下的时候，水就会从流动的液体变成坚硬的固体。温度下降的意思，就是变得很冷。南极就是因为非常冷，所以那里的水任何时候都是结冰的状态。冰箱也可以让水变冷，然后让水变成冰块。"

孩子："那冰箱为什么可以让水变冷？"

妈妈："嗯，液体蒸发的时候，会夺走周围的热量，让环境变冷，冰箱里有电动机，可以蒸发液体，让冰箱里的环境变冷。冰箱有时候会发出"嗡"的声音，对不对？那就是电动机运转发出的声音。"

孩子："可是，妈妈，蒸发是什么？"

孩子的问题一个接一个，最后，当再也回答不出的时候，妈妈就会突然变得很烦躁。另外，当孩子在很多人面前问令人尴尬的问题时，父母可能会觉得很丢脸。但是在这时候发脾气，带来的结果就是，扼杀掉孩子最重要的好奇心。其实，对于这个时期孩子所提出的各种古怪问题，父母的应对态度，往往取决于孩子的问题对其智力发育的重要性。

很多妈妈都出现过对孩子的问题感到很烦的时候，甚至产生这样的想法，"要是孩子能安静一点就好了""要是孩子能不烦我干活就好了"。可是，妈妈应该明白，在孩子发育的这个时期，认真回答孩子的每一个问题，要比其他任何事情都重要。其实，只要想想孩子的问题与父母的回答会对孩子未来产生的影响，相信妈妈就一定会怀着一种喜悦之心接纳孩子的问题。

　　为了更好地回答孩子的问题，父母首先应该加强学习。如果家里有百科全书或者与自然科学有关的全集，孩子提问的时候，可以到书中寻找答案，并让孩子看到父母的这种习惯。这样的话，慢慢地，当孩子再有疑问的时候，就会自己找答案。当孩子有了可以自己寻找答案的能力时，他（她）就会知道，很多问题，即使问父母也得不到答案。这时候孩子就不会再继续问了。

Q **应该怎么对待孩子的语言发育？**

我的孩子已经26个月了。他性格开朗，非常调皮，但很喜欢看书，经常主动把书放在我的膝盖上，让我给他读。和别的孩子相比，我的孩子语言发育很快，从1岁的时候就能说简单的词语了，从17个月开始，可以把单词连在一起，2岁以后，就可以说出完整的句子了。孩子的发音也非常准确，面对孩子语言突飞猛进的发展，我应该怎么做才能帮助孩子进一步提高词汇量和语言水平呢？

欧伯妈妈

A 欧伯妈妈，你好！我是小蓝的妈妈。孩子的语言发育特别迅速，表示他很具有成为英才的潜质。在这样的情况下，要多多给他读童话书，然后从童话书扩展到自然科学领域的书籍。汽车、恐龙、植物、动物等自然领域的图书，可以很好地提高孩子的记忆力。孩子的语言能力飞速发展的时候，希望您能这样做：

第一，促进语言发育的最好方法就是给孩子读书。并且，一定要让孩子尽快识字。这时候，妈妈是最好的老师。孩子学会了认字以后，妈妈给孩子读一本书的时间，孩子自己可以读十本。

第二，给孩子读完书以后，还要跟他交流。在和孩子进行交流和对话时，不要像老师那样总是给孩子提问题。一旦孩子回答不出妈妈提出的问题，就会对读书产生负担。这样一来，不管再问什么，孩子都会紧闭嘴巴，回答说"不知道"。我对小蓝使用的方法是我来当学生，"小蓝博士请告诉我""我明白了""再告诉我一遍，可以吗""我懂了"，等等。这样的形式，会为孩子营造一个读完书以后，能够充分给妈妈讲解的环境。即使小蓝说错了，我也不会立刻纠正他。平时一定要跟孩子多说话，多交流。

对于那些发育快速、敏感细腻的孩子，更应该多给予交流、关爱。希望每个孩子都能拥有幸福的未来。

会爱的父母养育闪光的孩子
畅销韩国的"小蓝爸爸深爱育儿法"

07
满足孩子的好奇心，
需要一本百科全书

小蓝3岁的时候，曾经问过这样的问题。

"人为什么有眉毛？"

"爸爸，云为什么黏在天上不掉下来？"

"以前小小的月亮今天为什么像个大盘子？"

......

对于该怎么回答这些古怪的问题，我真的毫无头绪。如果真的不知道，可以说"你为什么会那么问？"然后和他展开一场对话，但是那样也总有个界限。

如何面对孩子的十万个为什么

孩子们的问题越来越多，很多时候父母根本无法回答，此时最需要的，当然是一本百科全书喽。

如果认为只有在帮孩子完成作业的时候才需要百科全书，那可就大错了。对那种情况，通过上网收集信息可能更合适。但是，如果觉得有一本百科全书是为了不让孩子失去对知识的好奇心，在孩子词汇量急剧增加的这个阶段，就需要这样一本书了。

我和妻子知道在这个时期需要一本百科全书，是因为妻子想要对小蓝进行认真的教育。小蓝的问题越来越多，已经到了我们回答不出的地步。于是，妻子把小蓝的问题写下来，等到晚上我下班回到家，再让我替她回答。可是等到晚上我回来后再回答孩子的问题，孩子对这个问题的好奇心已经消失了。而且，工作了一天，晚上还要回答那些让人挠头的问题，对我来说也是一件苦差事。事实上，小蓝的很多问题，我也不知该如何作答。

所以，我们买了一本百科全书。买了百科全书以后，当小蓝再问妈妈那些很难的问题时，妈妈回答不出，就去翻百科全书，找到相应的解释念给孩子听。这对孩子起到了很好的教育作用。每天小蓝妈妈都用大量时间翻看百科全书，慢慢地，小蓝也养成了查百科全书的习惯。

由于百科全书非常厚，内容太多，而孩子能够集中注意力时间又很短，所以孩子可能还没有听完整个答案就已经先跑去玩别的了。这种情况下，如果由父母先看百科全书，然后用自己的语言把查到的内容表述给孩子，就能够充分满足孩子对知识的好奇心。

百科全书是孩子成长的晴雨表

这个时期，百科全书是一个"晴雨表"，父母可以通过它了解到孩子目光所关注的方向。孩子翻开百科全书的时候，如果只看汽车的部分，就说明他（她）现在对汽车感兴趣，父母可以多让他（她）看一些有关汽车的图书，还可以带他（她）去汽车博物馆，给孩子创造一些能亲身体验的机会。这样一来，孩子对汽车的关注就会更加深入。

教育，就是要营造一种环境，让受教育者对关注的领域更加深入，直至达到知识的顶峰。当孩子对汽车的兴趣达到顶峰以后，可能很快就会把注意力转移到更复杂的东西上。比如，在恐龙的世界里，孩子也想要达到知识的顶峰。这种方式会扩展到孩子以后学习的各个领域中。例如，孩子学钢琴的时候，也希望达到顶级。

对于百科全书的威力，我和妻子深有体会。我们家有四种百科全书，都是为了配合孩子不同的发育阶段购买的。最开始的时候，我们认为需要一些内容非常丰富的百科全书，而很快我们就发现，小蓝似乎一边翻，一边在跟着学。

那是小蓝27个月的某一天，他忽然说，"这个长得很像澳洲野狗。"我从来没听说过澳洲野狗，于是马上就说，"哪儿有什么澳洲野狗？"完全否定了小蓝的说法。小蓝听我这样说，就闭上了嘴，但显然心里并不服气。有一天，我随手翻开百科全书，竟然真的看到了"澳洲野狗"这个词，那是生活在澳大利亚的唯一的属于肉食动物的狗。

从那以后，我努力让自己养成一种习惯，无论小蓝说什么，都先采取肯定和接受的态度。

早上一睁开眼睛，枕头边上已经不是玩具，而变成了百科全书：孩子已经把百科全书当作玩具来玩了。通过百科全书，孩子掌握了很多我们在日常生活中无法学习到的词汇。对看着百科全书长大的孩子来说，百科全书其实就是一本小说。

Q 对于孩子的很多问题我都回答不上来，怎么办？

我的儿子27个月了，从不久前开始，他经常问"为什么"。一边看书，一边"为什么"问个不停。而且孩子是什么都问，"为什么冷""手为什么凉"……最让我难以回答的就是关于名称的问题，"为什么叫不倒翁""为什么叫手机""为什么叫冰箱"。他问这些问题的时候，我只能回答，"嗯，从很早以前开始它就叫冰箱。"他是真的对这些问题感兴趣吗？还是故意为难我？回答不出问题，实在是让我感到很头痛的一件事。

孩子妈妈　金博士

A 金博士，你好！孩子经常问"为什么"，表明他在智力发育方面又迈上了一个新台阶。孩子是真的好奇才会问这些问题，事实上孩子的这些问题与科学家的问题并没有什么区别。

孩子希望通过父母解答这些疑问来了解这个世界。这是孩子好奇心最旺盛的一个阶段，如果妈妈总是以不知道为借口不回答孩子的问题，孩子的好奇心就会慢慢减少。在妈妈能够回答的范围内诚实地回答孩子，对于不知道的问题，通过查阅百科全书找到答案。

偶尔，妈妈也可以反问孩子，但要给他一些思考的时间，"这个问题你是怎么想的呢""那么为什么会那样呢"孩子不断提出关于名称的问题，是他正在通过这些问题来认识那些物体。以前孩子问的"这是什么"的问题会慢慢扩展为"为什么那样"，这种有关原因和理由的问题。这时候，不要只是敷衍孩子说，"以前就叫冰箱"，最好能够详细地把这个词的意思解释给孩子听，"嗯，可以把食物变冷保存起来的，就叫冰箱。"

对孩子的问题，让孩子看到怎样通过百科全书解决不知道的问题，要比直接告诉他正确答案更重要。在这种氛围中长大的孩子，遇到问题就会自己查百科全书，自己找解决问题的办法。

对于孩子的问题，妈妈也可以进行一些创造性的回答，并不一定非要告诉孩子标准答案。最重要的是，妈妈要对孩子问的问题作出回应。

文字可能是我们培养孩子站到世界
巅峰最有力的力量源泉。

08

尽早教孩子识字吧

让孩子增加词汇量的另一个重要方法，就是尽早教孩子识
字，这样孩子就可以自己学习各种新词。妈妈每天要洗衣服、做
饭、忙家务，同时还有自己的社会生活，无论妈妈多么想积极地
照顾孩子，能给孩子读书的时间也还是有限的。

识字可以为孩子打开一片新天地

识字的孩子，只要一翻开书，就会发现有人在跟自己说话：
林肯在说，甘地在说……当知道自己可以和这些世界上最伟大的
人物进行对话时，孩子的精神世界会展现出一片与以往完全不同
的新天地。这样，就为孩子营造了一个属于他们自己的世界。

所以应该尽早教会孩子认字。我在讲演的过程中，多次在

现场遇到过这样的情况：妈妈一直认为不应该过早让孩子认字，结果孩子上学以后才发现让孩子识字太晚了。于是，整天追着老师，想让孩子多学一些。

其实孩子并不是只有上学，通过教科书才能学习文字，生活、游戏中都可以教孩子认字。如果让孩子学会识字，孩子能够自己看书，那么学习的乐趣会伴随孩子的一生。

不要让孩子对学习产生抗拒

教孩子认字的时候，妈妈常常失去耐心，无法抑制内心的急躁，"这个字都教你那么多次了，怎么还记不住？"

如果这时候孩子说，"这个字和那个字长得都一样"，很显然，孩子是在拒绝学习。以后妈妈再说"来，我们来认字啦"，孩子可能就会捂住脸跑到一边去。因为孩子认为，只要捂住脸，就可以不用学了，所以就会做出这种举动。这是因为，这个时期孩子的思维特点就是，认为事物只要在眼前消失，就表示没有了。

这样的话，还不如从一开始就不要教孩子认字。学不会认字并不是问题，但如果孩子对学习本身产生抗拒，才是更加严重的问题。

"过早学习文字会失去创造力"，之所以有这样的说法，是因为很多人不理解西方文字和东方文字的区别，直接照搬了西方教育理论的结果。英文字母表中，像b和d，p和q这样的字母，倒过来就变成一样了。如果过早教给孩子，很容易让孩子陷入一片混乱。例如was和saw，在英文中具有大量这类容易让孩子产生混淆的单词。所以，英语国家并不提倡过早让孩子认字。

但是，东方文字并不存在这种情况。因为东方文字自身的特点，如果能早点教孩子认字，那么我们的孩子至少可以比西方孩子早5年就能阅读文章了。文字可能是我们培养孩子站到世界巅峰最有力的力量源泉。

Q **什么时候可以开始教孩子认字？**

我是一个31个月男孩的妈妈。我想知道，什么时候教孩子识字最合适？虽然可能有点早，不过我还是选择了一些教材来教我的孩子识字。1周岁的时候，孩子的认知水平已经发展得很快了。可现在，或许是觉得认字很无聊，反而把以前会的东西也丢掉了。到底应该怎么做才能让孩子好好学认字呢？

孩子妈妈　朱花妮

A 朱花妮，你好！格连·杜曼博士说过，学习文字的时间越早越好，而且越早开始，孩子学得越快，也越好。我当然很同意这个观点，而且小蓝网上介绍了很多15个月就能认字的孩子。但是，在教孩子认字的过程中，如果教的方法出现问题，反而会带来很大的副作用。因此，我认为，学文字的最佳时期是孩子想学的时候，并且孩子的身体状况达到一定程度的时候。

要想快速掌握文字，必须经历一个对各种事物的认知阶段。让孩子多看书，走进自然体验各种动植物，通过丰富的对话提高孩子对事物的认知能力。这样的孩子，可以更轻松地接受文字的象征性。

通过有趣的游戏教孩子认字，孩子学得会很轻松。但是父母要明白，并不是认识了文字，孩子就能很自然地养成爱读书的习惯。关键是要让孩子体会到学习的乐趣。

如果你觉得现在教孩子认字太早，最明智的做法，就是尽快停止这件事。如果因为推迟做出这样的决定而导致孩子对认字产生厌恶情绪的话，以后再想教他文字就会非常困难。而且，孩子接受新信息的能力也会下降。

至于现在，可以更专注于给孩子读书。当孩子爱上读书，无时无刻不要求大人读给他听的时候，可以有意无意地跟他说，"要是认识字，就能自己看书了，想看多少都可以……"慢慢让孩子产生想要自己看书的愿望。当孩子哪怕只是认识一个字的时候，也要如同取得了大成就一般给他称赞，让孩子能够感受到父母对自己阅读能力给予很高的评价。这样，孩子想自己读书的愿望就会越来越强烈。当孩子主动想要学习的时候，他会以惊人的速度进步。

Q 只给孩子读书能让孩子学会认字吗？

我有两个孩子，一个25个月，一个10个月。我经常给他们讲一些图画书。即使是有文字内容，我也会把书页翻过去，一边看图一边给他们讲。这种方式会不会降低孩子认字的速度？只给孩子读书能让他们学会文字吗？当然，这两个孩子会有一些差异，他们大致在什么时候能学习文字呢？

孩子妈妈　观察者

A 观察者，你好！读书是一项对孩子智力发育影响最大的活动。历史上出现的天才人物，大多数都从孩提时代就热爱读书。读书除了可以提高智力，还能激发孩子对未知世界的好奇心，发掘孩子内在的无限潜力。

其实，重要的不是让孩子认字，而是创造一个能让孩子喜欢书的环境。千万不要为了读书而强迫孩子认字，过于急躁或采用强迫的方式，都只会带来反作用。

　　通常来说，刚开始给孩子看图画书的时候，孩子会先看图，而不是文字。一边看图一边告诉他们各种事物的名称，然后逐渐在孩子能够集中精神的短暂时间里给他们阅读文字。慢慢地，孩子就会产生想要自己阅读的愿望。

　　用手盖住文字，然后讲给孩子听，让他明白，不同的故事内容要配合不同的图片。下一次孩子就会很自然地知道，还可以把文字变成声音。这时候，妈妈可以说，"要是识字，你就能自己看书了，那该多好……"努力让孩子对文字产生兴趣。

　　我还想再强调一次，是否识字并不重要，重要的是让孩子爱上读书。妈妈只要认真观察，就能准确地掌握什么时候教孩子认字效果最好。当玩字卡游戏的时候，如果孩子表现出足够的兴趣，就可以教孩子认字了。不过，如果孩子对文字完全没有兴趣，父母不必过于着急，可以先把重点放在教孩子认知各种事物上。这时候，妈妈需要的是，耐心等待。

会爱的父母养育闪光的孩子
畅销韩国的"小蓝爸爸深爱育儿法"

如果利用得当，电视也可以成为一种很有效的教育手段。

09

让电视发挥有效的教育作用

看电视不当会引发"电视中毒"

电视其实是一种"玩具"，也是可以在孩子面前展现不同面孔的老师。如果只把电视作为让孩子观看的玩具，是非常有害的。因为电视是单方面传递信息，无法像妈妈给孩子读书或者与孩子聊天那样，与孩子产生双向的交流。因此，孩子无法从电视中学习到表达自己意见的方法，长期看电视方法不当的话，还有可能导致孩子出现自闭倾向。

电视的刺激是非常强烈的，所以一旦受害，孩子甚至对读书这种温和的刺激不再产生反应。因此，大多数经常看电视的孩子，都不喜欢看书。

电视中还会出现一些过于激烈、暴力和煽情的场面，这些都不适合孩子观看。看到电视中的暴力场面，孩子会想当然地接受这种行为。

父母要和孩子一起看电视

虽然，电视有其不好的一面，但是，如果利用得当，电视也可以成为一种很有效的教育手段。孩子在看电视的过程中可以学到丰富的知识。电视可以拓展孩子关注的领域，特别是看电视还能让孩子接触到丰富的词汇，促进孩子智力发育。如果想让电视成为一个实用的教育媒体，父母就要和孩子一起看，把电视中的内容，很自然地用父母自己的语言传递出来，通过对话的手段让孩子接受。这样一来，电视传递的信息就不再是单方面的，变成了可以让父母与孩子展开充分交流的内容。

比如，妈妈正在看一部与历史有关的电视剧。这时候，妈妈不要一言不发，只顾着自己一边看一边流泪，应该告诉孩子电视剧中作为故事背景的时代是什么时候。这就可以很自然地教给孩子许多历史知识。

我们经常看一些自然揭秘节目或是新闻节目。当电视中播放自然揭秘节目的时候，我就把它录下来，然后跟小蓝一起反复看，特别是韩国文化广播公司制作的一个名为《非洲的候鸟们》的节目，我们看了可能有上百次。那时候，通过看那个节目，小蓝对鸟类产生了浓厚的兴趣。

看电视广告的时候，孩子可以轻松而快速地认识一些文字。所以，可以偶尔让孩子看一些广告。不过，有时妈妈为了忙自己的事就把电视打开让孩子自己看。这样，孩子就容易出现"电视中毒"情况，所以一定要特别注意。

特别是爸爸，经常在下班回来以后，习惯性地打开电视，边看边休息。妈妈为了让爸爸也承担一些教育孩子的责任，常常禁止爸爸看电视，这也很容易导致夫妻矛盾。其实，这样做还不如要求爸爸利用电视作为工具，对孩子进行教育。

当然，看电视的时候，不能愣愣地盯着电视屏幕，应该用孩子能够理解的语言为他（她）进行解释和说明，全家人一起就电视中的内容展开讨论。这样的话，不仅能建立起孩子与父母之间的亲密关系，同时，对于孩子的智力发育也很有好处。

Q **孩子整天只想着看电视，怎么办？**

我的儿子22个月，以前玩的时候喜欢撕书、咬书，可现在，每天就只想着看电视。要是我想关掉电视给他读书，他就跑过去再打开。我家的电视，经常是这样关上又打开。我很想让他少看电视，多听我给他读书。我应该怎么办呢？

孩子妈妈　魔法师

A 魔法师，你好！电视会带来比书籍更强烈的刺激，所以先接触电视的孩子，很难把注意力再转移到书上。说实话，带孩子的妈妈连电视剧都不应该看。一旦开始看连续剧，就会不自觉地缩减对孩子的教育时间，孩子也会跟着妈妈一起看电视。这时候，如果爸爸不帮把手的话，孩子的教育就完全陷入一种恶性循环。

小蓝小时候，我们夫妻几乎没怎么看过电视，但我们会把有关自然类的节目录下来，然后给小蓝看。在看这类节目的时候，我和小蓝妈妈也会一起坐下来，一边看一边给小蓝解释画面中出现的各种动物、植物。每次看完这些节目之后，我们就马上关掉电视，小蓝也养成了这样的习惯。

如果现在想让孩子少看电视、多看书，首先就要把电视搬到孩子看不到的地方去。因为孩子缺乏自制力，只要看见电视机就想要看电视。但如果看不见，慢慢地，就会看得少了。

第二点就是，妈妈要经常让孩子看到自己看书的样子。如果孩子经常看到妈妈看书的样子，孩子慢慢地也会喜欢上看书。

第三是给孩子准备一些他喜欢的书，在孩子心情好的时候，让他看一会儿，然后逐渐把这个时间加长。其实，撕书、咬书是孩子通过嘴巴学习事物的过程，所以过了这段把书当玩具的时期以后，还要重新给孩子买书。只有这样，才能不中断孩子读书的连续性。

　　如果孩子继续无休止地看电视，对以后的发育也会产生不良的影响。因此，就算比较困难，也要采取一些措施，让电视从孩子身边消失，并且每天坚持给孩子读书，哪怕只是很短的时间也可以。

不要用完美来要求孩子，把标准
放宽一点，给孩子学习的机会。

10

排斥弟弟妹妹，
是一种自然的情感表现

父母在这个时期将会遭遇的问题之一，就是小宝宝出生后，大孩子产生的"兄弟姐妹之间的敌对意识"。在这之前，一直是自己独占着父母全部的关爱，现在却要把这些爱分一些给弟弟妹妹，大孩子产生排斥的情绪，是一种很自然的表现。

大孩子的表现是出于防御本能

弟弟妹妹出生以后，大孩子会欺负他们，或者做出一些以前不曾有过的所谓倒退行为。比如，本来已经可以很好地控制大小便了，现在却突然又尿裤子；要求像弟妹那样用奶瓶喝水，等等。

一般来说，有了弟弟妹妹以后，大孩子会产生一种想要回到婴儿期的欲望，并做出一些婴儿的行为。这是所有孩子都会有的表现，是出于典型的防御本能。努力学习自己吃饭，认真练习自己上厕所，可是因此再也看不到父母对自己的关注了。相反，弟弟妹妹要让妈妈喂饭，要让妈妈给换尿布，吸引了所有人的注意。所以，大孩子会故意做出一些能够吸引父母关注的行为。

大孩子认为，"哦，如果像小宝宝那样，妈妈可能就会重新喜欢我了"。于是，就故意把内裤弄脏，故意要求吃奶，故意要让妈妈抱，等等。

妈妈要理解和接纳孩子的行为倒退

这时候，妈妈一定要理解大孩子的这种想法。如果大孩子希望，那就应该充分给他（她）变回小婴儿的机会。如果能让孩子明白，"妈妈爱小宝宝，同样也很爱你"，大孩子就会自动断了那种想当小宝宝的念头。

但是，如果妈妈说，"为什么要那样？你是哥哥呀，哥哥怎么能做那样的事呢？好啦！不要再装小宝宝了"，这样说只会对大孩子造成伤害，让他（她）更想当小宝宝来重新得到妈妈的爱。而且，越是指责孩子的行为，孩子的这种倒退现象持续的时间就越长。

小绿刚出生的时候，小蓝也曾经有过这样的阶段。他爬到小绿的肚子上，大喊"妈妈，看我！"还要求给他一个更大的奶瓶。当我们抱小绿的时候，小蓝就会表现出一副好像被抛弃的表情。

　　如果孩子表现出暂时的行为倒退现象，妈妈一定要积极地接纳孩子的这种情绪，同时接纳他（她）的这些行为。

　　小蓝的妈妈就很理解孩子的这种心情，于是对他说，"小蓝，妈妈以前只爱你，现在妈妈也爱小绿，你不高兴了，所以才会这样的，对吗？"另外，她不断地跟告诉小蓝，妈妈依然很爱小蓝，并经常紧紧地抱着他，让他能感受到妈妈的爱并没有变。

　　如果能很坦然地接受孩子的退步行为，并偶尔离开刚出生的宝宝，给大孩子一个能独享妈妈宠爱的机会，大孩子欺负小宝宝的行为会逐渐消失。

　　其实，仔细观察就会发现，这个时期的孩子并不总是欺负弟弟妹妹。与那种情况相比，他们喜欢、疼爱弟弟妹妹的时间要更多一些。当孩子表现出对弟弟妹妹的照顾与喜欢的时候，一定要多多称赞他（她）。让孩子承担一些照顾弟弟妹妹的工作，也能很好地加深兄弟姐妹之间的感情。但是，如果父母只在孩子互相争斗的时候才批评他们，就只会让孩子之间的矛盾更深。

　　从这个角度看，两个孩子的年龄差最好在3岁以上。这样的话，父母才可以顺利地开展一对一的教育。

Q 大孩子不喜欢弟弟，怎么办？

我们家老大34个月，老二也是男孩，只有8个月。老大似乎特别不喜欢弟弟，弟弟坐小飞机的时候，他就用力把小飞机推到墙边；我喂老二喝奶的时候，老大就过来用脚踩弟弟的脸，还把奶瓶踢飞；有时老大还骑在弟弟背上玩骑马……总之，每天两个孩子都会因为各种事情纠缠不清。我经常跟老大说要照顾弟弟，可他好像根本没听见，跟弟弟之间的纠纷次数越来越多，强度也越来越大。老大的这种态度会慢慢好起来吗？

小赫小俊妈妈

• •

A 小赫小俊妈妈，你好！老二出生以后，你应该做好思想准备，老大的行为可能会出现暂时退步。本来自己享受着父母全部的爱，现在突然有了弟弟，爱被抢走了，不能独享父母的爱了，老大当然会一时接受不了。

当孩子出现这些退步行为的时候，妈妈打孩子，只会让这种情况更加严重。本来妈妈的爱就被夺走了，现在还要挨打，当然会让孩子更加厌恶造成这一切的小弟弟。当时，小蓝的妈妈就特别注意这一点。有一天，妈妈抱着小绿出来的时候，小蓝非常惊讶：之前妈妈的怀里只抱自己，现在却抱着别的小孩儿。小蓝当然会因此很吃惊。这时候，妈妈放下小绿，紧紧地抱住小蓝，告诉他说，"小蓝到妈妈这里来，让妈妈抱抱！"

然后妈妈告诉小蓝自己有多么爱他，还告诉他，弟弟小绿也应该得到这样的爱。当小蓝作为哥哥爱抚小绿，发挥哥哥的职责，帮小绿拿来奶瓶的时候，妻子会称赞他说，"我们小蓝真懂事，真是个哥哥的样子。"幸好，小蓝也接受了自己是哥哥这个现实，并开始学着照顾弟弟。在妈妈的称赞声中，小蓝的退步行为很快消失了。现在，小蓝小绿是亲密无间的好兄弟。

遇到这种情况，不要呵斥，甚至打骂孩子，应该培养孩子的责任心和自豪感。当孩子表现出哥哥的样子时，一定要好好鼓励和称赞他。当然，父母也要不断表达对于老大的关爱，让他明白，那个小孩子不是别人，而是自己的弟弟。这样，老大退步的行为会很快消失。还可以给老大看他小时候的照片，让他能够理解，以前妈妈也是这样给自己喂奶和换尿布的。

Q 老大非常忌妒弟弟，我该怎么办？

最近家里的两个孩子让我很头疼，尤其是老大，他似乎很妒忌弟弟，不管什么都要跟弟弟学。自从有了弟弟以后，老大发脾气的次数也变多了。和别人在一起的时候都很好，可跟弟弟在一起的时候，他就总要挨数落。希望您能告诉我一些好方法来解决这个问题。

孩子妈妈 金博士

A 金博士，你好！你说老大什么都跟弟弟学，虽然我不知道你具体指的都是什么，但是我觉得，最好的做法还是增加两个孩子之间的交流。两个孩子在一起玩，共同的东西多了，行为也会越来越相似。两人之间还会出现争吵，甚至打架，但只要把这些看作是相互妥协和协商的过程就可以了。

在这样的过程中，如果妈妈单方面地让老大忍让，或者只批评老大，老大就会慢慢变得胆小，还会因此失去自信，行为上也会出现退步。这是因为老大想要回到以前不被妈妈批评的小宝宝时期。

孩子之间发生矛盾的时候，尽可能不去干涉，引导孩子自己解决，但要随时关注两个人的情绪。平时，要经常称赞两个人各自的优点，培养他们的自豪感以及相互之间的亲密情感，这样做会对两个孩子都产生积极的效果。

小绿从来没有因为哥哥小蓝而感受到很大压力。小蓝很照顾弟弟，小绿也很信任哥哥。当然，两个人之间也会发生矛盾和冲突，不过因为彼此都非常信任，多数时候他们还是能玩得很好。对于小绿来说，小蓝是绝对值得信任的人。

不要用完美来要求孩子，把标准放宽一点，给孩子学习的机会。孩子之间相互关心的时候，一定要鼓励和称赞他们。这比批评效果更好。如果老大忌妒弟弟，应该要理解孩子的这种感情。如果父母能给老大充分的爱，相信这种忌妒将慢慢消失。事实上，忌妒往往是因为得不到足够的爱而产生的。对孩子的这种忌妒，看作是他试验妈妈对自己的信任程度更加准确一些。

对于没有准备好的孩子，等待是最好的选择，

11

可以进行排便训练了

在这个时期，应该通过关心与引导，很自然地让孩子展开排便训练。关于排便和排尿的训练，到神经发育至能够调节括约肌的程度，孩子可以通过语言表达自己的意愿时，才是恰当的时期。

如果过早或者强行要求孩子开始排便训练，就算在训练过程中没有出现问题，孩子对训练的紧张和不满，也会通过其他方式表现出来。比如突然变得胆小、害羞或者出现梦魇等，甚至对于孩子性格也会产生一定影响。

排便训练的小技巧

排便训练首先应该从训练孩子大便开始，因为大便发出的信号要比小便更明确。排便训练，就是要教会孩子用语言来表

达自己身体发出的信号。如果孩子突然呼吸急促或者发出"吭哧吭哧"的声音，可以反复问他（她）几次，"你是不是想拉臭臭啦？"这可以引导孩子在以后想要排便时跟妈妈说，"我要拉臭臭。"

如果孩子说出"拉臭臭"这样的话，可以给他（她）准备一个儿童用的坐便器，并示范排便的样子给他（她）看。当孩子取得一点进步的时候，也不要忘记给他（她）鼓励和称赞，"现在你已经会用坐便器了，还能自己拉臭臭，真棒"。

给儿子小蓝示范怎样使用坐便器，主要是我的工作。由爸爸来为儿子做示范，孩子更愿意跟着学。到了小绿学习使用坐便器的时候，就由哥哥小蓝来做示范，小绿就学得更快了。

排尿训练要比排便训练更加困难，因为小便的意愿不如大便那样明确。排尿训练也应该从用语言表述行为开始。换尿布的时候，可以对孩子说，"又尿了"，用语言教给孩子这是一种排尿状态，然后再给孩子做排尿示范。

进行排尿训练的时候，应该让孩子保持一种放松而愉快的心情。如果孩子半夜没忍住，尿床了，妈妈最好当什么也没发生那样，轻描淡写地说一句，"下次小心哦"或者"要是想尿尿，可以起床去卫生间"。一定要注意，不要让孩子对排尿产生紧张感。如果父母总是强调这件事情，要想让孩子养成夜间排尿的习惯，恐怕就要花费更长时间了。

有时候等待是最好的办法

即使排便训练失败了，也绝对不要指责，甚至打骂孩子。在孩子没有那种意愿的时候，不要强迫他（她）去方便。如果能采用一种拖延的态度进行排便训练，并理解孩子的心情，那排便这个问题会很自然地得到解决。

在开始进行排便与排尿训练后，如果孩子无法接受，那就不要强迫，可以重新使用尿布，过几个月再重新开始训练。因为这说明，孩子还没有做好准备。对于没有准备好的孩子，等待是最好的选择，只要等到孩子心理上准备好以后再重新开始就可以了。

Q **孩子控制不好大小便时，怎么办？**

我的儿子30个月，想上厕所的时候总是使劲儿忍着，而且这种情况越来越严重。送他上了一个月儿童之家以后，他想上厕所的时候就更是忍着，还不说话。有时候着急了，小便就尿出来；大便则是拉出一点儿就哭，然后我就知道是怎么回事了。出现这种情况，是因为一开始排便训练时总是一边教训他一边教他的缘故吗？

孩子妈妈　具美妍

A 具美妍，你好！一般来说，18～24个月的孩子能够略微表达自己的意愿，在排便前后会有所表示。这时候，即使已经拉出来，弄脏衣服了，也一定要鼓励孩子，要给孩子多一点时间和自由。慢慢地，这种意愿的表达就会越来越明确。但是，孩子在沉迷于游戏中的时候可能完全忘掉这件事，所以对孩子进行排便训练一定不要操之过急。

如果父母过于急躁，孩子就会感到很紧张，也就会总想憋着。如果一直这样下去，可能会影响到孩子以后的性格。排便训练最重要的，就是父母不能采用急躁或强迫的态度。这时候孩子需要的是称赞和鼓励，哪怕只是一个人坐在坐便器上，也要让他觉得，那是一件值得自豪的事情。

在一个紧张的环境中，孩子无法控制大小便的情况会更加严重，所以最好先在家训练好这件事之后再送孩子去儿童之家。不然，因为孩子紧张，他就会憋着，然后就是尿裤子。这样就会一直恶性循环下去。现在，即使孩子把裤子弄脏了，也不要指责他，应该为他创造一个能够轻松控制大小便的环境。

另外，对于孩子的这个问题，希望父母表现得不要过于敏感。认真观察孩子大便的时间，并保持耐心，可以让孩子看看自己大便的情形，或是让他自己冲水。通过这些有趣的事让孩子放松心情。

当孩子弄脏裤子时，如果父母表现得很不高兴，就算孩子理解发生了什么事，也会变得紧张、胆小。因此，在孩子没有控制好大小便的时候，最重要的是要安慰，而不是指责。现在应该做的最重要的事，就是让孩子体会到自己独立大小便之后的那种成就感。

会爱的父母养育闪光的孩子
畅销韩国的"小蓝爸爸深爱育儿法"

有了自信作为基础，孩子才能勇敢地探索世界。

12 孩子的社会性 在家也可以培养

所谓良好的社会性，并不是跟任何人都能谈得来的"万金油"，而首先应该具有一颗懂得关心别人的心，另外还要拥有独立的自我。孩子的社会性，并非一定要通过跟其他孩子在一起才能得到培养。相反，在父母对子女浓浓的爱与关怀中，孩子会自然地具备良好的社会性。

孩子会走路以后，妈妈就认为，应该开始培养孩子的社会性了。于是妈妈经常创造自己的孩子与其他孩子相处的机会，而且，这样也能认识更多和自己一样的妈妈。但是，如果做得不好，这样的机会也有可能成为孩子学会暴力的契机。

就算制造了和其他孩子一起玩的机会，在这个阶段，孩子还没有学会如何与别人一起玩耍，有些孩子会出现抓、咬，甚至是打人的情况。这时候，被打的孩子会感到紧张、害怕。第一次接触到暴力的孩子，如果经常挨打，也会逐渐学会打人。

孩子们的游戏分四个阶段

通常，孩子要经过下面这样四个阶段，才能真正与其他小朋友一起玩耍。

第一个阶段是一个人玩。学步期（12～18个月）的孩子完全不具备与别的小孩一起玩的能力。这个时期，孩子可能会抓、拧别的孩子。对待别的孩子，好像是对待一个玩具，孩子之间根本不是在一起玩。

第二个阶段是各玩各的。当两个或更多的孩子在同一个地方玩的时候，虽然待在一起，却在各自玩各自的。这时候，孩子们相互之间几乎没有眼神交流这种社会性的行为。

第三个阶段是联合游戏。孩子们一起玩沙子或是堆积木的时候，虽然会有一些对话和交流，但还没有表现为真正的人际关系。

第四个阶段是合作游戏。到了这个阶段，孩子会制订计划，然后各司其职。玩过家家的时候，他们会互相交换角色，也会确定好谁先玩汽车，谁在后面等待。

第一反抗期（18～36个月）属于第二个阶段和第三个阶段，合作游戏则要到36个月龄以后。因此，在第一反抗期，孩子还没到能和其他小朋友玩得很好，和谐相处的时候，父母也就不必仅仅是为了培养孩子的社会性，刻意制造与其他小朋友一起玩的机会。父母最好能根据孩子的水平，和他（她）一起玩。另外，在和其他孩子一起玩的时候，可能会出现打架的情况，这时候，父母一定要及时出现，予以制止。

让孩子们随意涂鸦吧

当然，这个时期和以前一样，对孩子来说，玩沙子和玩水依然非常重要。不过，现在孩子的小肌肉有了进一步的发育，已经可以用黏土捏出一些形象，用铅笔涂鸦一番了。另外，孩子从这时候开始喜欢用蜡笔或颜料画画。

有些父母担心，如果给孩子黏土、铅笔、颜料，孩子就会在整个家里四处乱画，或者把家里弄得乱七八糟，所以不愿意给孩子这些东西。但这样做是错误的。这些工具可以帮助孩子表达那些他们用语言无法表达的情感。这样的活动，可以促进孩子的情感发育，培养他们的思考力、判断力以及创造力。

以我们家老二小绿为例，他很善于使用牙签和胶带。小绿可以在10分钟内用掉一盒牙签，还愿意拿着胶带到处粘，把家里弄得像刚打完仗的战场一样。

孩子妈妈很爱干净，能够容忍小绿的这些活动一定非常困难，但是，她从来没有为此说过什么，反而还为孩子创造可以活动的机会。突然有一天，小绿用牙签做了一条很棒的小船：牙签插在泡沫塑料上做成小船，真的非常漂亮。这让我们感到无比自豪。

有一天，小绿正赶着去学校，忽然发现袜子上破了一个洞。可是，他没有立刻换袜子，而是拿来胶带，把洞粘上，然后就那样穿着去上学了。我很高兴看到我有一个有着爆发力和创造力的孩子。

我和妻子给孩子们准备了足够的纸、铅笔、颜料，让他们可以随心所欲地画画。哪怕一张纸上只画了一条线就扯破了，我们也不会觉得可惜。而且，我们并不强求他们一定要画什么，只是真心地称赞他们画的每一条线、每一个圈。

画画可以很好地培养孩子的创造力。不过，在那种整齐划一的绘画课上，任何时候，太阳都一定是红色的，树一定是绿色的。如果父母能够消除这种偏见，对于孩子所画的内容，无论怎样都给予肯定和称赞，那孩子的创造力一定会越来越旺盛。

Q 只有和同龄孩子一起玩，才能培养社会性吗？

我是一个18个月男孩的妈妈。我的孩子几乎每天都和与他同龄的孩子在一起，但不知从什么时候开始，只要一看到那些小朋友，他就会表现得有些神经质。原因可能是，我的孩子可以长时间地专注于一件玩具或是一本书，但遇到其他小朋友后，那些孩子会抢走他的这些东西。在孩子不想被抢走玩具而进行的争夺过程中，可能会被别的小朋友打，甚至被咬；而当他把注意力转移到其他玩具或是书上的时候，又会被抢。这种情况总是反复出现。

在家里只有我们两个人的时候，我的孩子可以把一本很厚的书从头看到尾，一件玩具玩很长时间。但只要一和其他孩子在一起，他就很烦躁，可能是担心自己想做的事情受到妨碍。在我身边就不会有这种情况。

可是，别的妈妈都说，这样的话会让孩子过于依赖妈妈，长大以后性格内向、胆小。我的丈夫因为经常出差，和孩子在一起的时间很少，但我的孩子跟比自己大一些的哥哥姐姐在一起玩得很好。我不知道是应该忽略那些问题让孩子继续跟同龄孩子在一起，还是和哥哥姐姐在一起好呢？

孩子妈妈　智敏

A 智敏，你好！目前社会上广泛流传的育儿理论中，很重要的一点就是"孩子只有跟同龄孩子友好相处，才能够培养其社会性"。但是，同龄孩子在一起，最先学会的可能是骂人和暴力。其实，父母陪孩子一起玩，也能培养孩子的社会性，这种教育方式源于著名的《卡尔·威特的教育》。《卡尔·威特的教育》被认为是天才教育的一支响箭。

小蓝小时候，我也学习过《卡尔·威特的教育》。在孩子最容易受到伤害的敏感时期，我尽量不让他跟同龄的孩子一起玩。在那段时间，我和妻子经常带小蓝走进大自然，或者带他去书店、图书馆。

别的孩子都去幼儿园，只有小蓝还在家里玩的时候，每一个看到的人都会说一句，"你不上幼儿园吗？"很显然，这句话里包含的意思就是，"你的父母太不像话了，怎么不送你上幼儿园？"即使是在这样的质疑声中，小蓝依然"在家自学"。

虽然我也担心过孩子上小学以后怎么办，但实际情况是，小蓝没有学会骂人和暴力，但懂得关心别人，在与朋友交往和玩耍的过程中，没有出现任何问题。别的孩子也知道小蓝绝对不会先动手打人或者挑起事端，所以也就没有谁向小蓝挑衅。在小学四年级的时候，小蓝的校园联系册上还出现了"人缘很好"的评语，这表示孩子具有很好的社会性。

其实，完全不必强求孩子与同龄孩子相处。如果要求不当，反而还会干扰孩子的注意力。在那段时间，小蓝妈妈为了不让别人的到来打乱小蓝的生活节奏，甚至有时会在门上贴上纸条，上面写着"孩子正在睡觉，请不要按门铃"。

不要从一开始就制造和别的小朋友一起玩玩具会被抢走的状况，不要让这个时期的孩子经历不恰当的，以及会产生挫折感的体验，应该让他体会成功的喜悦，让他觉得自己很有价值，应该被尊重。这样，即使以后遇到失败，孩子也能坚强地站起来。

因为父母绝对信任孩子，孩子才会相信自己。有了这种自信作为基础，孩子才能勇敢地探索世界。这样的孩子越是到了高年级，越会表现出优秀的表达能力和领导才华。

喜欢跟哥哥姐姐一起玩，说明孩子的智力发育水平比同龄孩子更高。能跟哥哥姐姐在一起玩得很好，表示孩子可以跟上大孩子的水准，所以能在一起玩。只要哥哥姐姐们不排斥，完全可以放开手让孩子玩。这样可以比跟同龄孩子在一起学习到更多东西。当然，妈妈要随时关注孩子的状态。

认真地观察孩子，持续的关注会告诉你怎样做是对的。在这种深深的关爱中长大的孩子，一定会用顺利成长来回报妈妈。

关注孩子的眼神，每分每秒都倾注
全部的爱，是作为父母的职责。

13

孩子喜欢充满
想象力的故事

　　在这个语言能力飞速发展的阶段，可以用孩子认识的动物或
汽车名称和孩子一起玩接龙游戏，比比看谁知道得更多。

　　我、妻子和小蓝都很喜欢恐龙接龙游戏。开始的时候，我们
三个知道的名称都差不多，不过，到小蓝30个月大的时候，我和
妻子联合起来，也比不过小蓝了。

　　"暴龙""异特龙""三角龙"等，我把自己知道的恐
龙名称都说完了，可小蓝还能接着往下说。为了让游戏继续下
去，我只好在各种地名后面都加上一个龙字来应付，比如"首尔
龙""金村龙""釜山龙"等。

　　在旅行途中，在医院排队的时候，都可以和孩子一起玩这种
接龙游戏。这个游戏非常有助于促进孩子的语言发育。

另外，这个时期，孩子特别喜欢听故事，最好能多准备一些童话书。把发生在孩子身边的一些事情，用语言组织起来讲给孩子听，也是一个不错的方法。把故事的主人公变成孩子自己，可以一边讲故事一边玩，也是一种培养想象力的活动。我那时候就自创了很多这类故事讲给小蓝听，比如《钻孔机小鸡鸡》《请努力做第一件事》《屎系列故事会》。

《钻孔机小鸡鸡》是把小蓝的小鸡鸡比喻成钻孔机的故事。比如早上起床以后，钻孔机小鸡鸡把天花板钻了一个洞什么的。

有一天，躺下来的时候，钻孔机小鸡鸡又把床钻了一个洞。它把地壳钻了一个洞，穿过滚烫的地幔时，尿了一泡尿，把地幔浇凉了，然后火山开始喷发。钻孔机小鸡鸡继续用力钻开地球的外核与内核，最后终于到达了阿根廷，等等。通过这样一个荒诞而漫无边际的故事，可以告诉孩子地球的内部结构以及世界各国的相对点，还可以很自然地对孩子进行一些性教育。

《请努力做第一件事》是一个很有趣且有意义的故事。

从前有一个心地善良的人和一个坏心眼儿的人住在一起，他们是邻居。有一天，一个衣衫褴褛的高僧从他们住的地方路过，那个心地善良的人热情地招待了高僧。高僧告诉他，"请努力做第一件事"。听了高僧的话，心地善良的人开始织布，他织了很多布，很快成了一个富翁。坏心眼儿的人看到了这一切，心生忌妒。他等了好几天，终于等到高僧从他的门前经过，于是假装好心地招待高僧。走的时候，高僧也对他说，"请努力做第一件事"。这个坏心眼儿的人很贪心，他心想，我要织很多很多布，中间肯定没时间上厕所。于是他就去上厕所了。结果，坏心眼儿的人不停地上厕所，一匹布也没织出来。

孩子似乎都很喜欢跟"屎"有关的故事。于是，我讲给小蓝的关于"屎"的故事就多到成了一个系列。最有代表性的是下面这个。

从前，书生小蓝去赶考，半夜遇到一个身穿白色衣服的女子。那个女子在后面喊书生小蓝，"书生，向左边走两步""向前走一步""向右走三步"，书生小蓝照那女子说的做了，结果——书生踩到了屎！

如果小蓝要求主人公不是自己，就由我来当书生，或是用周围其他人的名字，然后把这个想象的故事继续下去。

小蓝会把这些看似无稽的故事扩展下去。再长大些以后，他就用想象"构建自己的城市，建立新的货币体系"，并乐此不疲。当有客人来的时候，看到小蓝自得其乐的样子，都会觉得他似乎在构思一个庞大的电影剧本。

Q 我的孩子想象力是不是过度了？

我的女儿35个月。到目前为止，她已经看过1500本书了。孩子每天都唱歌、跳舞、画画，一边想象，一边自言自语讲故事。但是最近孩子的想象力似乎有些过分了。她把整个房间都摆满了书，还跟书里的朋友说话、唱歌、玩耍。要是我不小心踩到哪本书上，她会说我把她的朋友弄疼了，要我道歉，甚至还帮书里的朋友擦眼泪。看书的时候，要是看到蛇捉老鼠，蜘蛛用网粘蝴蝶，狮子吃斑马，她就大叫，"噢，不要，不要那样！"还大哭。孩子长时间地沉浸在想象中，让我多少有些担心。

孩子妈妈　微笑的爱

A 微笑的爱，你好！《呼啸山庄》的作者艾米莉·勃朗特，出生在一个贫穷的牧师之家。她的童年没有玩具，只能和兄弟姐妹们一起张开想象的翅膀，玩各种各样的想象力游戏。这，恰恰奠定了她日后在文学史上的重要地位。小蓝妈妈曾经在育儿信息中说，"不要让冷酷的现实埋葬了孩子无限的想象力"，这是很有道理的。

一直到上中学，小蓝都还非常乐于用想象力"建造城市"，和弟弟一起玩想象力游戏。在别人看来虽然非常可笑，但是这种想象的翅膀带给孩子们无限的创造能力。

在那些发育迅速而且良好的孩子中，有很多孩子都很沉迷于这种想象力的游戏。到目前为止，没有任何证据显示这种游戏会对孩子造成不好的影响。对孩子这种活动的担心，是因为还不太了解孩子的成长过程造成的。

看书的时候，觉得被吃掉的动物很可怜，表示孩子有一颗善良的心。这样的孩子长大以后，懂得站在别人的立场思考问题。这样的孩子通常擅长社交，受到周围人的欢迎。所以，请接纳孩子的感受，并鼓励她继续下去。

任何时候，妈妈都应该对孩子表现出不变的关爱。在这样的环境中长大的孩子，成才的可能性将非常大。

Q 孩子跟我说想要在天上飞，这正常吗？

我的大女儿30个月了，她非常爱看书。每次给她读书的时候，即使老二过来胡乱翻动书页，也不会让她的眼睛从书上移开。最近大女儿经常跟我说她很想飞，这让我很惊奇。她经常目不转睛地看飞机起飞，总是说想飞，想坐飞机。在贴恐龙贴画的时候，她总是举得高高的，嘴里喊着，"飞啦！"对于这样一个想飞的孩子，我该做些什么？

孩子妈妈　12

A 12，你好！你的大女儿专注能力和想象力发育得都非常好。孩子通过想象的力量，认为所有东西都可以飞起来，即使是恐龙。孩子们常常相信所有的东西都是有生命的，可以运动的。在这个时期，很多孩子想问题都会采用这种思考方式。这也是他们从父母那里获得了足够关爱的证据。而那些缺少爱的孩子，则难以有这样的想象力。

当孩子进入那样一个想象的世界时，妈妈应该给予肯定；孩子提出问题，也要认真地回答——妈妈的反应，往往是最好的教育。如果看到飞机就想飞，妈妈可以找一些书，告诉孩子飞机会飞的原理。

　　老大的发育非常快，现在就要尽快教老大识字，让她可以独立。如果她能自己看书了，自己学习知识了，妈妈就会轻松很多，而且孩子也能学得更快。老大能独立看书以后，妈妈可以把更多精力放在老二身上，对老二的教育也会变得更容易。另外，这样的话，老大还会对老二产生良好的影响，让老二也能顺利成长。

　　关注孩子的眼神，每分每秒都倾注全部的爱，是作为父母的职责。这样的过程不断积累，必定会获得令人满意的结果。

放松下来，接纳孩子的各种需求，
那孩子的变化一定会让妈妈大吃一惊。

14

这个时期孩子的
吃饭和睡觉问题

把吃饭的自由还给孩子

在第一反抗期（18～36个月），孩子发育方面还有一个很重要的问题，就是吃饭。有的妈妈很疼爱孩子，特别是在影响到孩子身体健康的吃饭问题上，一直都是坚决不肯让步的。当孩子不肯好好吃的时候，妈妈就强迫孩子吃，甚至因此导致妈妈与孩子的关系变得越来越糟糕。因为吃饭的问题而出现的矛盾，会扩展到日常生活的全部范围，孩子与妈妈之间的信任关系也会因此出现危机。

孩子吃饭，不可能每次都按照父母所希望的去吃。但是，他们会吃到足以维持一天活动所需要的能量。因此，为孩子做好营养均衡的饭菜后，最好能把吃的自由还给孩子。不要要求孩子一定把饭全吃光，或者在吃完饭之前不能吃点心等。

其实，孩子吃饭这件事，也是让我和妻子很烦恼的一个问题。小蓝小的时候，不太爱吃饭，可又经常看书看到深夜。这让我们很担心，但我们从来没有强迫他多吃。我们觉得，孩子饿了自然就吃，而且我们就是一直以这样一种"消极"的态度来养育孩子的。结果到小蓝上四年级的时候，情况发生了很大改变：他忽然变得胃口很好，好到我们总想让他不要再吃了。那时候，就算我们不给他准备吃的，他也会自己准备。看着他的样子，我们不禁觉得，当初还担心他不肯吃饭，是多么好笑呀。

孩子为什么不敢一个人睡

在这个阶段，孩子的想象力飞速发展，孩子也开始懂得恐惧。因此，孩子会在这一时期怕黑，不敢一个人睡觉。这种情况下，完全不必强迫孩子在漆黑的房间里自己睡。可以在房间里开一盏小灯，或者父母陪他（她）一起睡。这样做并不会妨碍培养孩子的独立性。相反，感受到这种关爱，孩子会很快独立的。

孩子的发育越快就越敏感，感受到的恐惧也就越强烈。家里的亲戚中可能总会有那么一个人，特别喜欢制造恐怖气氛：给孩子讲故事的时候说，"卫生间里突然伸出一只手"，这样的话常常吓得孩子不敢一个人上厕所。这时候，父母必须要立刻制止，

"舅舅，不要跟孩子说那样的话！"但同时也要特别小心，以免更增加孩子的恐惧感。

有些人在小时候看过恐怖电影，即使长大以后，偶尔想起来依然觉得很害怕。严重的，甚至要接受精神方面的治疗。可见，由于父母的无知和疏忽，儿时的恐惧经历会对孩子的成长造成多么严重的影响。

看电视的时候，当出现可怕的画面时，有些孩子会吓得跑开。这时候，有些父母会说，"你怎么这么胆小，真是个胆小鬼"。跑开，其实是因为孩子的想象力太丰富才导致的行为。

有一天，小蓝跑出门后突然很害怕地喊我。我不知道出了什么事，连忙走出去看：在明亮的月光下，我看到了空中有三个圆圆的东西，那是市场里的广告气球。可小蓝以为那是UFO，所以才大声喊我，因为他一直都相信这个世界上有外星人。

Q 孩子不好好睡觉，也不好好吃饭，我该怎么办？

我的儿子已经28个月了，从出生到现在，他几乎没有睡过一个整宿觉。睡眠非常不规律，对声音特别敏感，还一定要开着灯才睡。另外，孩子吃饭也很不好，一天只吃两顿，而且吃得很少。20个月左右的时候，他开始连续说三四句话，语言发展还不错，甚至有时能一个人读一两行自己喜欢的书。但是，孩子不好好睡觉，不好好吃饭，总是缠着我。这让我身心疲惫，于是经常跟他发脾气。

朱尼妈妈

A 朱尼妈妈，你好！其实孩子自己知道吃，自己知道睡。当他想吃的时候给他吃，想睡的时候让他睡，才能让孩子产生被爱的感觉。在吃饭和睡觉这两件事上，我和妻子从来没有强迫过小蓝和小绿。小蓝是个非常敏感的孩子，似乎只要睡一会儿就又充满了能量，玩一天也不累，还能看书看到深夜。小蓝吃饭也不太好，那时候最困扰我们的事情就是他的便秘，还曾经因为便秘去医院做过灌肠。

在养育孩子的时候，妈妈一定会担心孩子吃不好，睡不好。但是，随着时间的推移，你会发现，当时的那些担心其实都是多余的。现在小蓝胃口很好，每天要吃六顿饭，想睡觉的时候就睡，然后自己调整好上学的时间。得到了充分的关爱后，孩子的会从敏感变成乐观的性格，对于这一点，我深有体会。

如果妈妈总是担心吃饭睡觉的事，孩子就会让妈妈更辛苦。

其实只要让孩子按照自己的需要去吃、去睡就可以了。如果妈妈能放松下来，接纳孩子的各种需求，那孩子的变化一定会让妈妈大吃一惊。

孩子总是缠着妈妈，是因为妈妈还没有完全得到孩子的信任，如果妈妈的爱更加深入，孩子就会明白自己的价值。从那一刻开始，他就能离开妈妈去探索周围的世界。到那时候，教育就会变得很容易。所以，请继续努力吧！

无论是和孩子一起做什么，爸爸
都应该发自内心地享受那一切。

15
没有爸爸参与，
孩子的教育会有所缺失

爸爸用身体教孩子，妈妈用话语教孩子。如果爸爸不参与到育儿中来，那孩子的教育就会有所缺失。

爸爸身体力行培养孩子的活泼性格

爸爸在和孩子一起玩的时候，除了各种喧闹，整个身体都会与孩子发生接触。孩子在跟爸爸玩的时候，会体验到身体活动的极限，学会勇敢地挑战新事物。

爸爸能给孩子的最有意义的一件礼物，就是爸爸自己。如果说爸爸只是出于义务而跟孩子一起做什么事的话，孩子会感受到，爸爸并没有真正享受和自己在一起的时间。所以，无论是和孩子一起做什么，爸爸都应该发自内心地享受那一切。

如果爸爸能够通过学习，了解到孩子的发育过程，就可以明确掌握，在孩子的成长过程中，爸爸所要发挥的作用了。爸爸的人生也会因此而变得更加快乐和幸福。

特别是第一反抗期（18～36个月）的孩子，非常活跃，会对束缚产生强烈抗议，希望拥有开朗的生活方法，好奇心得到满足，对独自体验到的世界绝对关注。另外，在这些活跃的生活中，孩子可以获得让自己成为一个真正人的所有活力。如果没有充沛的精力，就无法去完成这样的学习。

把孩子的旺盛精力培养成精神资产

孩子所具有的这种活力，是非常重要的精神资源。如果让妈妈独自承担孩子这方面的训练，在身体上会感到很吃力。因此，爸爸应该承担起应有的责任，如参与到孩子的游戏和排便训练中；和孩子一起看书，一起聊天；散步时教给孩子自然界的一些知识；带孩子去游泳、戏水，参观博物馆等。通过和孩子一起进行的这些活动，帮助孩子把旺盛的精力培养成重要的精神资产。

对于正处在第一反抗期孩子的父母来说，首先应该对孩子这种活力表示敬意。如果能够有效地利用好孩子的这种活力，无需制定太多的规则，父母只要发挥一些恰当的作用，就能够在孩子认识自我的眼镜上，增加一个名为"认识真正的自我"的镜片。

Q **孩子总是闹着要找爸爸，怎么办？**

我的儿子24个月，本来很忙的爸爸最近经常早下班，陪孩子玩，所以孩子非常开心和幸福。但问题是，早上孩子一睁开眼睛，就要找爸爸，如果爸爸上班没在家，他就大哭不止。就这样，每天早上孩子都哭一次，白天吃饭或者玩的时候，只要有谁提到"爸爸"这个词，他就又开始哭着要找爸爸。虽然每天爸爸下班后儿子都会很开心，但是白天的那种反应实在让我不知道该怎么办。另外，孩子想睡觉的时候就只找我，要是爸爸过去，他就会让爸爸走。我的孩子是不是有什么问题呀？

孩子妈妈　回头看

A 回头看，你好！你的丈夫真是让人羡慕的爸爸，知道家里有一个正在等着自己的儿子，工作起来一定会更有干劲。目前，孩子基本的爱恋还在妈妈身上，所以睡觉的时候会找妈妈而不要爸爸。这是非常自然的现象。因为无论是男孩还是女孩，最初的爱恋对象都是其主要养育者，也就是妈妈。

现在，孩子从妈妈那里得到了足够的爱，在一定程度上已经可以离开妈妈了。这时候，爸爸又让孩子感到很满意，特别是对于男孩子，爸爸的存在是非常重要的。爸爸和妈妈不同，身体的运动可以让男孩感到更兴奋。爸爸虽然很好，但是爸爸不是一直在身边，所以孩子就会找。他是因为与爸爸之间的良好关系才找爸爸的。孩子哭闹着找爸爸的时候，妈妈自然会觉得很辛苦，但当孩子慢慢把爸爸看作是自己阵营里的伙伴时，也就不需要再担心这些问题了。所以还是要理解孩子的心情，耐心地跟他解释爸爸去上班了，下班就会回来。不要觉得孩子听不懂，只要认为孩子能听懂为前提给他解释，孩子一定能理解。虽然孩子还没有准确的时间概念，但是，如果告诉他，爸爸是为了我们去工作，晚上一定会回来，慢慢地，他就不会再哭了。

　　没什么可烦恼的。爸爸能和孩子一起玩是很好的事情。再过一段时间，等孩子再成熟一些，他就会懂得安静地等爸爸了。

第五章

学前期(36~72个月)：
要帮孩子建立学习技能和态度

　　学前期指的是孩子36~72个月这个阶段。
在这段时期，孩子要经历几个不同的发育阶段
和心理变化。大致来看，孩子需要通过认同感
来确定社会性以及明确自我认知。另外，父母
还要帮孩子掌握基本的学习技能和学习态度，
这会让孩子受益终身。

孩子在经过了作为过渡期的第一反抗期（18～36个月），来到了稳定的黄金期（36～48个月），经过不稳定的混乱期（48～60个月）后，又会重新进入稳定期（60～72个月）。整个学前期阶段，大约要持续3年。

　　在这个阶段，孩子需要学习和掌握的内容，变得更加丰富。

　　孩子要进行克制冲动的训练，要学习表达情感的方法。因为要逐渐离开妈妈，孩子必须学习独立，与朋友建立良好的关系。这个时期，孩子还会认识到男女性别，对性的基本态度也会得到完善。

　　另外，父母应该尽可能给孩子更多良好的智力刺激，以此来促进孩子的智力发育。如果父母能够帮孩子充分地完成这些发育课题，孩子完全可以确立明确的自我认识以及正常的人格结构。

01

学前期：在稳定与不稳定中循环

黄金期：放弃固执，取悦父母的时期

孩子的黄金期（36～48个月），是从请求父母的许可开始的。

"妈妈，我可以这样吗？"在第一反抗期（18～36个月）想做什么就做什么的孩子，开始征求父母的许可。这就表示，第一反抗期已经结束，孩子开始进入了黄金期。

之前，孩子做任何事都想要打破限制；现在，懂得了温和地妥协，愿意与自我或身边的人形成一种均衡稳定的关系。孩子因发怒做的事情变少，渴望得到父母与年长孩子的同意，希望能够取悦别人。

这个时期，分享与等待的能力也有所发展，孩子做事的时候具有一定的耐心。

随着神经和肌肉的发育，孩子开始积极地做一些自己能做的事，比如穿衣服、整理玩具等。

随着语言能力的发育，孩子已经可以很好地理解别人所说的话，并且喜欢学习新词语、新句子。因此，这个时期的孩子更喜欢想象和幻想，并制造出很多幻想中的朋友或动物。

当孩子与幻想中的朋友自言自语的时候，妈妈可能有些担心，孩子是不是出了什么问题？其实完全没有必要：孩子非常喜欢自己的生活，并正在把自己的生活告诉给幻想中的朋友听。这种能力，对日后的社交有很大帮助。孩子正在通过想象，训练自己交朋友的能力。

可以说，这个时期是父母和孩子都很享受、很愉快的"黄金时期"。孩子对自己和自己生活的世界都很满意，也很爱自己的父母。父母一定要利用好这个时期，把这些快乐积聚起来，因为下面即将到来的，将是大家都感到很辛苦的不稳定期。

混乱期：惹人讨厌的不安分期

混乱期（48~60个月）和第一反抗期一样，孩子具有不稳定、不安分、不妥协的特征，但父母也不必因此感到焦虑。故意眨眼睛、啃指甲、抠鼻子、摸生殖器、吮手指，这些其实都是孩子缓解紧张情绪的方法。

这个时期的孩子开始热衷社交活动。如果与朋友不能友好相处，他们会意识到友情的重要性。但是在和小朋友一起玩的时候，有时也会出现争吵，甚至发生暴力行为。孩子之间会出现一些小团伙，并拒绝其他人加入。这些都是因为孩子在人际关系中还不够成熟。

这个时期的孩子，讨厌别人的命令、要求、约束，走在路上的时候目空一切，甚至主动向别的孩子发起挑衅。还会说出一些不知从哪里学会的脏话。只认为自己好，别的人都很无趣。总爱说"屎、屁"这样的话，特别是有客人的时候，还故意说那些词，让父母难堪。

"妈妈，你知道我中午吃什么了吗？"

"是又长又粗的屎！"

"啊——"

孩子会因为自己说的话感到很好笑，咯咯地笑个不停。

如果是明智的父母，孩子说这样的话时，不会感到慌张，也不会大声制止孩子，反而会表现出一种无所谓的态度，"哦，挺好吃的吧"。这样，那种不好听的话，自然就慢慢从孩子嘴里消失了。

这个时期的一个突出特征，就是想象力大爆发。因为想象力太丰富，孩子有时会说出一些莫名其妙的话，甚至说"我在家里看到一个大怪物"这种在父母看来明显的谎话。这是因为想象力的缘故，孩子还不能分辨清楚哪些事是真的，哪些事是假的，所以会一脸认真地说一些夸张的话。作为父母，不要在这时候指责孩子说谎。

混乱期的孩子还没有从属概念。他们会有这样一种想法：自己看到的就是自己的。所以，去朋友家玩的时候，孩子会想当然地把朋友的玩具放进自己的口袋带回家。

父母看到这些，可能会觉得震惊和担心，难道自己的孩子天生是小偷吗？其实，孩子绝对不是小偷。只是因为他（她）曾经拿着那个玩具玩，就想当然地认为那是自己的，因此把玩具放进自己的口袋也就不奇怪了。再过一段时间以后，当孩子具备了区分自己和别人东西的能力后，很自然地就不会出现这种行为了。

混乱期的孩子是不知疲倦的行动派：爬到高处，在家里跑来跑去，使劲儿关门……这是一个充满活力的能量大爆发时期。孩子特别爱说话，把所有的事都挂在嘴上。他们喜欢说一些有趣或有节奏的话，喜欢好笑或者夸张的故事，甚至还说一些胡言乱语。父母可以在这个时期通过接龙、说瞎话等游戏，促进孩子的语言发育。

"接龙"一度非常流行。坐车的时候玩这个游戏，可以很轻松地打发掉一两个小时的时间。

"说瞎话"，顾名思义，可以理解为信口胡说。汽车在水里开会怎么样？要是天空裂个缝，天使会不会掉下来？这时候，无论孩子说出多么不着边际的话，都不要说，"说谎""怎么可能有那种事"。这时候不必用科学理论判断对错，孩子只是说出自己的想象而已。如果父母也能参与进来，游戏就会更加有趣。通过这样的活动，不仅能提高孩子的语言能力，还可以很好地促进孩子的想象力。

稳定期：各方面都很稳定的安全期

稳定期（60～72个月）是孩子在所有方面都会达到平衡的时期。度过混乱期以后，孩子进入一个惹人喜爱、值得信任的时期，表现出信任、稳定、顺从。这个时期，孩子对自我有明确的认识，性格变得温顺友好，与他人的关系也非常融洽。

在前一个时期还不知该往哪里去的孩子，现在已经具备了展望前景的能力。比如，画画的时候，如果问混乱期的孩子，"你在画什么？"他会说，"不知道，因为我还没画完呢"。本来想画乌龟，画着画着，就变成了恐龙或者卡车。而这种情况在这稳定期却发生了变化，如果开始画的是乌龟，孩子会坚持把乌龟画完。

另外，这时候，孩子还可以通过现实来判断问题，开始懂得哪些事应该做，哪些事不该做，以及在做哪些事的时候应征得别人的同意。所以，孩子不再与周围的人发生冲突，在所有方面都会表现出稳定与和谐。在健康方面很稳定，可以自由活动身体；在智力方面好奇心强烈，随时都充满着学习的热情。

这个时期的孩子最喜欢的，当然还是"玩"。所以，父母要为孩子创造环境，让他（她）能够尽情地玩。另外，这个时期还应该逐步培养孩子适应社会的能力。

在这个阶段，妈妈仍然是孩子世界的中心。他们喜欢待在妈妈身边，愿意为妈妈做点什么，也很享受和妈妈一起做事的快乐。但是，这个时期的孩子也会慢慢脱离家庭，开始想要结交朋友，体验社会，进入更广阔的世界。

在36～72个月这段学前期，孩子要经历不同的发育阶段并有相应的心理差异。大致来看，孩子需要通过认同感来确定社会性以及明确自我认识。另外，还要掌握学习的基本技能和基本态度，这将让孩子受益终身。

Q 孩子喜欢与别人分享的程度是不是有些过分了？

我的儿子37个月，特别喜欢把吃的东西分给别人。不管吃什么，都会让我和妻子先吃。如果让他自己吃他喜欢的棒棒糖，他会说他很想买给爸爸妈妈，甚至是真的就要出门去商店。不光是我们，对他喜欢的朋友，还有姐姐妹妹也是如此。如果对方接受并且吃了还好，如果遭到对方拒绝，他就很难过，有时还为此哭鼻子。起初我们觉得这样挺好，现在，情况似乎越来越严重，我们难免还是有些担心。

孩子爸爸　新月

A 新月，你好！看来你有一个心地很好的儿子。父母关心子女，子女也会把同样的关心回报给父母。孩子能把自己喜欢吃的东西分给喜欢的人，是多么难能可贵的一件事啊。

深深的关爱，可以提高孩子的分辨能力，并培养孩子的道德和社会判断力。小蓝小时候就好像是学校里的德育老师一样，如果有孩子做了危险的行为，他就首先站出来制止。坐火车的时候，如果小蓝妈妈大声笑，小蓝说，"妈妈，看看你的旁边，哪有人像你那么大声笑？"他反而比成年人还懂得遵守社会规范。当时，并没有人要求他这样做，他自己能够分辨出哪些事应该做，哪些事不能做。

你可能担心孩子的这种善意行为会扩展到所有的情况中，但在我看来，完全没有必要为此担心。在对方接受或是拒绝的时候，孩子会逐渐意识到，在什么情况下可以，在什么情况下不可以。

因此，孩子希望与父母分享棒棒糖的时候，首先要称赞孩子的善意，但在不想吃的时候，也明确告诉孩子。孩子的善意遭到拒绝，会感到很失望。在这个阶段，孩子还不明白对方拒绝的理由，与孩子进行充分的沟通，就显得非常重要。有些父母会想当然地认为，孩子已经很会说话，有很强的表达能力了，对于这个问题，当然能够理解。但无论发育得多快，都不要忘记，孩子终归是孩子，我们应该温柔地对待。

02

通过对父母的
认同感学习社会化

在成长的过程中，孩子要学习自己所属社会的通用价值标准、行为准则以及思考方式，为能够顺利成为这个社会中的一员做准备。而这，就是我们常说的"社会化"。

孩子社会化的形成，主要是通过把父母或身边重要的人想象成自己，把他们的感情、态度、行为、价值观等转化到自己身上来完成的。

孩子的社会化是通过对父母的认同开始的

这个时期，男孩子希望妈妈成为自己的妻子，而把爸爸看成敌对关系；女孩子则认为爸爸是自己的情人，把妈妈看作敌人，甚至与妈妈展开竞争。男孩子会更喜欢妈妈，爸爸下班回家后，男孩子会下意识地对爸爸表示敌意，"你走，妈妈是我的"。

一方面，对爸爸的敌意或竞争意识，会让男孩子变得很不安。因为爸爸比自己高，比自己强大，所以孩子会担心爸爸是否会惩罚自己。另一方面，爸爸的爱也是不能缺少的。这样一种矛盾的感情，有时甚至会让学前期（36~72个月）的孩子做噩梦。

如果生活在一个健全的家庭环境，孩子会逐渐明白，妈妈是爸爸的妻子，而不是自己的私有财产，所以，如果不能代替爸爸，孩子会有想要和爸爸差不多的想法，对自己与爸爸进行认同的过程，也是向爸爸模仿学习的过程。

爸爸的影响力增强，是从对妈妈的幻想破灭，对父母产生认同感的72个月龄以后开始的，会持续到13岁左右。再以后，老师、朋友这些身边的人，或者歌手、演员、小说或电影中的人物，会成为孩子认同的对象，并且这些人的影响力会越来越强。

对女孩子来说，最初的情人仍然是妈妈。但是，很快这个对象就会变成爸爸。和男孩一样，女孩也会在内心悄悄地对爸爸产生浪漫的幻想，或者直接把这种感情表现出来，并希望赢得爸爸的爱。不同的是，男孩任何时候都能够跟作为"恋人"的妈妈在一起，而爸爸多数时间忙于工作，女孩对于爸爸的浪漫感情也只能在幻想中逐渐成长。

如果女孩子把妈妈当作竞争对手，感情上会承受很大的痛苦。有时女孩子希望妈妈能走得远远的，再也不要回来，可是，自己的所有一切又要依赖妈妈的爱与支持。孩子很清楚，如果真的没有妈妈，将是非常可怕的一件事。所以，这个时期的女孩子经常做被怪兽或魔鬼追赶的噩梦。

夫妻关系影响孩子的社会化过程

男孩子把妈妈看作是"缩小版恋人"的时候，必须要让他明确地认识到，妈妈和爸爸才是一对恋人，他们结婚了，而且生活很幸福。另外还要告诉他，长大成年以后，他也会拥有自己的妻子。跟孩子说，"爸爸妈妈都很爱你，你永远都是妈妈最亲的儿子，同时也是爸爸最亲的儿子"。

同样，也要明确地告诉女孩，爸爸和妈妈幸福地生活在一起。她长大以后也不可能跟爸爸结婚，她会找到属于自己的丈夫。还要让孩子明白，她是爸爸最棒的女儿，爸爸对她的爱是最特别的。

在健全的家庭中，学前期阶段的孩子会很自然地了解爸爸和妈妈的关系，并从这段家族间的"三角关系"中摆脱出来。

家庭教育，应该以夫妻间的融洽关系为前提。子女通过认同感达到社会化的过程中，夫妻关系对此会产生决定性的影响。

如果夫妻感情很好，孩子就会很自然地明白，想要实现自己的那些浪漫想法是无稽之谈。这样，孩子社会化的过程也会更加顺利。但是，如果夫妻之间存在很多问题和矛盾，那孩子可能会难以处理自己的感情。特别是男孩子，可能会因此不愿离开妈妈，成年以后也无法顺利地开始自己的家庭生活。可见，夫妻关系不和会对子女产生非常负面的影响。

Q 夫妻吵架带给孩子的伤害怎么挽救？

我有一个4岁的儿子。我和丈夫自结婚以后经常吵架。虽然我知道这个会影响到孩子，但是很多时候都控制不住自己的情绪。我知道我们的争吵会给孩子造成很大伤害，甚至有时我会想，可能一个人抚养孩子会更好。虽然现在我们夫妻的关系好了很多，但是我应该怎样弥补以前给孩子的那些伤害呢？我怎么才能让他把那些不愉快的回忆都忘掉呢？

华尼妈妈

● ●

A 华尼妈妈，你好！生活中总会有争吵，夫妻关系也是通过互相磨合越来越和谐的。这个世界上是没有后悔药可买的。小蓝小时候，我也经常有你那样的想法：如果当初那样做就好了，如果再生一个孩子，我一定不会那样对待他，等等。但显然，这些都是不可能的。

如果能多忍耐一些，多为对方着想一些，就可以带给孩子一个更加幸福的童年。因为父母的争吵留下"后遗症"的孩子，会要求得到更多的爱。如果这种要求得不到满足，孩子可能会变得很偏执。而且，这样的孩子长大以后，很容易因为一点小事就受到伤害。

不过，时间不可能倒流，过去的就让它过去吧。可以让我们感到安慰的是，孩子的适应能力是非常强的，而且你的孩子还没有到性格固定下来的时期。现在要认真考虑的问题是，到8岁之前，孩子将会怎样成长，要给他创造一个怎样的环境才能充分地治疗过去留下的伤害。

父母相爱，并让孩子能够感受到这种爱，是所有教育的基础。希望你可以更专注于孩子，疼爱和关心他，经常称赞他，经常与他有肌肤的接触，让他感受到这个世界的美好。我相信，你的孩子一定会幸福快乐地长大。

父 母 每 天 展 现 在 孩 子 面 前 的 行
为，就 是 教 导 孩 子 最 好 的 示 范。

03 教孩子学会 抑制冲动

　　这个时期的孩子，必须要学习抑制冲动的方法，这样就不会出现打人、偷东西以及上学以后出现更大问题的逆反行为。父母首先在行动上做出表率，要比用语言禁止孩子效果更好。也就是说，要让孩子提高对自我的认识，并学会控制自己。要想实现这一点，就像教孩子说话一样，要付出极大的耐心和理解。

及时制止孩子的暴力倾向

　　孩子在公园里玩耍时被别的孩子打了，然后跑回来找妈妈，妈妈大发脾气，立刻训斥孩子说，"怎么老是你挨打，下次你也打他！"如果自己的孩子打了别人，妈妈表面上向对方道歉，但内心却很坦然，"有什么了不起的，打人总比挨打好"。这样，无疑会让孩子的暴力意识越来越强，让孩子变得越来越粗暴。

上学以后，如果孩子总是打人，一定会受到其他同学的排挤，无法顺利开展社会生活。如果到那个时候，妈妈才觉得应控制孩子的暴力行为，就为时已晚，暴力思想已经扎根在孩子心里。面对这种情况，妈妈一定会流下后悔的眼泪。

当孩子挨了打跑回来时，显然不能跟他（她）说"我们一起去教训那个小子"。这时候，应该教给孩子如何表达出自己的意志。例如，抓住打人孩子的手，告诉他（她）"你不能打人""打人是坏行为"如果父母能为孩子做出正确的示范，孩子也能学会不向暴力屈服。

如果自己的孩子打别人，父母必须要坚决制止孩子的这种行为。抓住孩子的胳膊，或者紧紧抱住他（她），让他（她）暂时不能动弹，然后，要用明确、严肃的语调告诉孩子自己的态度，"打人是很坏的行为，对这种打人的行为，妈妈绝对不原谅！"

通常，一直得到深深关爱的孩子在进入这个时期之前就已经知道，不应该对人使用暴力。他们的父母也不会因为子女的暴力问题而感到困扰。

要教会孩子尊重别人的权利和感情，必须尊重孩子的权利和感情。父母每天展现在孩子面前的行为，就是教导孩子最好的示范。

称赞是改变孩子的最有力武器

想改变孩子行为，称赞和鼓励是改变孩子自我认识的最有力武器。当孩子身上出现哪怕只是一点点的变化时，如果父母能及时给予称赞，孩子就会主动让这种变化越来越大。

孩子画画的时候，即使只是一个线条画得好，也要真心地给孩子赞许，"这条线画得真好"。这样，孩子的画一定会越来越出色。学习写字也是一样，从孩子写的字中挑出最好的一个，称赞他（她）这个字如何写得好。慢慢地，那些曾经歪歪扭扭的笔画就都变得端正起来了。小时候，在某种情况下得到过某个人一句赞扬，或许就会成为日后在这个领域获得卓越成就的契机。

另外，在日常生活中，妈妈要特别注意，不要为孩子制造那些增加其负面行为的机会。去市场的时候，碰见认识的人聊几句家常，如果这时孩子要求买什么东西，妈妈常常好像没听到一样，完全不理会。开始的时候，孩子可能只是小声说，慢慢地，声音越来越大，最后或许就成了喊叫。往往到了这时候，妈妈才给孩子回答。这就是妈妈的不妥了。

这种情况下，如果孩子知道，小声说妈妈也可以听到，那他（她）一定不会发出那么大的声音了。

Q 孩子总是跟朋友产生摩擦，我该怎么办？

我儿子7岁了，他很喜欢交朋友。如果有朋友来家里玩，他舍不得让人家走，总想留别人在我们家住宿。在外面玩的时候，我儿子也不断要求再玩一会儿，不愿意回家。可是在玩耍中出现问题时，他总是先动手打人，或是说脏话。作为参考，下面附上孩子从幼儿园毕业时，老师写给我的一封信。

小哲性格单纯、心地善良，我经常看到他很努力地想和大家一起玩，并友好相处。可是，他似乎不太清楚到底应该怎么和其他小朋友相处，经常和其他小朋友发生摩擦。当出现问题的时候，他不是通过沟通解决问题，而是动手打人或说脏话骂人。愤怒是人类的一种自然情感，所以不必因此指责孩子，但父母应该在孩子发脾气的时候，在旁边帮助他控制情绪。不应该批评他的愤怒，"这有什么好生气的""就算生气也不应该打人啊"应该接纳孩子的情感变化，帮助他从愤怒的巅峰慢慢冷静下来，"你真的是很生气，是不是""你就生气了，对不对"。

在幼儿园的最后这段时间，小哲更加努力地想要跟其他小朋友好好相处。在家里如果也出现这种情况，请先安抚他的情绪，然后再让他用语言解释自己为什么生气。为了让孩子学会用语言表达自己的感情，平时应该多让他进行这方面的练习。而且，应该多让孩子感到被爱的感觉，帮助他体验成功，经常称赞他……这些都有助于孩子改变不良行为。

小哲喜欢说话、唱歌、听故事、做游戏，表达能力很强，而且很努力地希望得到大家的认可。自由活动时间，他经常选择画画、拼插积木，而且不管玩什么都很专注，并坚持到最后，一定要得到满意的结果。另外，小哲很善于整理东西。在认知、社会性、创造性、身体发育等多个方面，小哲都略胜于其他小朋友。

如果以后多注意培养孩子的社交能力，相信上学之后，他各方面发展都会很好。

我跟周围很多人说起这件事，大家都觉得，不必为一个7岁的孩子担心这些事，等他再长大一些自然就好了。可是作为妈妈，不免还是有些担心：不是都说"三岁看老"吗，如果一直不管他，情况会不会越来越糟糕呢？别的妈妈都很羡慕我家孩子喜欢看书、学习。的确，他很喜欢看书，也对认字很有兴趣，无论什么事，只要他有兴趣，就一定能做好。我到底应该怎么做才能真正帮他呢？

小哲妈妈

A 小哲妈妈，你好！你想要的答案其实都已经在幼儿园老师的信里了。"在家里如果也出现这种情况，请先安抚他的情绪，然后再让他用语言解释自己为什么生气。为了让孩子学会用语言表达自己的感情，平时应该多让他进行这方面的练习。而且，应该多让孩子感到被爱的感觉，帮助他体验成功，经常称赞他……这些都有助于孩子改变不良行为。"

现在你只要按照老师说的做就行了。出现问题的时候，我也经常很困惑，不知道孩子动手打人或是说脏话都是从哪里学来的。其实，这些行为都是孩子自尊心降低的一种表现。如果能让孩子懂得珍惜自己、尊重自己，就不会出现这种降低自尊心的行为了。所以，老师才会说，要给孩子称赞、被爱的感觉、成功的体验等。

在指责孩子之前，先要想想他为什么会有这样的行为，试着理解孩子的想法，并把妈妈的希望告诉给他。当孩子能自己通过语言从愤怒的状况中解脱出来的时候，父母一定要为他鼓掌欢呼，表示祝贺。如果能接纳孩子的感情，并对他的行为采取一致的态度，就是说父母首先要反对暴力和辱骂，孩子的行为就会慢慢发生变化。

只有走进自然中去体验，并通过书籍扩展知识，才能为知识赋予生命。

04

让孩子掌握学习的基本技巧

大脑是主宰人类智力、记忆、才华、感情等高等机能的中心，它分为左脑和右脑两个半球。左脑和右脑由一种叫做胼胝体的神经纤维束连接。

左脑的思考指的是逻辑、分析、理性的思考。它主管语言，解读文字和数字，写文章，将复杂的元素细分，确定秩序，并将其理论化。

右脑主管直觉、想象、下意识的思考。它负责音乐、绘画、色彩、图像、想象与创造、非逻辑的感性思考。它主要用于欣赏绘画或音乐，用一闪而过的直觉接纳事物以及在整体视野中掌握具体情况的时候。在培养孩子创造性的时候，就可以很好地促进这种思考方式的发展。

大自然是孩子最好的老师

大自然是对孩子们进行教育的好场所，除了进行感官教育，还能够培养孩子们的创造力。对于学前期（36～72个月）的孩子，应该尽可能地帮助他们在更广阔的范围里进行各种鲜活的体验。首先应该带孩子走进大自然，去听、去看，让他们亲自感受大自然的气息。

光脚踩在沙子或石头上的感觉，与脚趾被草地瘙痒的感觉是不一样的。栎树粗糙的树皮，法国梧桐光滑的树干，清晨草叶散发的香气，初春乡村里肥料的味道，树荫下泡竹的酸味，五月丁香的苦味，沾在衣襟上的野草，穿过树林时听到的风声，林间的小溪等，自然界所有的一切，都可以唤醒孩子的各种感觉。

玩泥土或沙子的时候，孩子会制作出各种造型。用本来没有形态的材料，制作成全新的模样，这个过程可以很好地培养孩子的创造力。另外，在自然环境中随意奔跑，可以让孩子的情绪稳定，促进其情感发育。

动物园、植物园、博物馆等都是很好的教育场所。不过，首先还是应该用孩子能经常接触到的社会场所作为教育对象。农场、乡下、消防局、派出所、医院、图书馆、银行、洗衣店、汽车修理厂、市场、餐厅等，只要孩子有兴趣，任何地方都可以带孩子去。

孩子对所有的事情都充满了浓厚的兴趣，至少小蓝是这样。去餐馆吃饭，他会看着炉灶上跳跃的火苗出神；去奶奶家时，他会追着鸡到处跑，当然也会被鸡追着跑。他还喜欢在春天挖荠菜，夏天捉萤火虫……

孩子直接看到的这些，要比从书本中获得知识更加鲜活而深刻。日常生活中的种种，对于大人来说已经习以为常了，但对孩子来说，都可以成为学习的对象。

与孩子展开语言上的交流

学前期孩子的语言能力，是成年人的"缩小版"。他们已经可以自由运用各种结构复杂的句子，与别人展开顺畅的沟通。除了词汇量大爆发，这个时期的孩子，表达新意思的能力也会有很大进步。

例如，孩子会使用"说、讲、说明"这些词语来表现沟通的行为。这个时期，孩子发音也更加准确，并懂得使用各种礼貌用语。

父母跟孩子说话的时候也要注意，一定要发音准确，使用有逻辑性的表达方式，为孩子做出语言的榜样。

父母要注意倾听孩子说话，在孩子想要交流的时候，给他（她）积极的回应。也就是说，父母要随时关注孩子所说的话，最好能适当地给他（她）一些称赞，"没错""说得很好"。

另外，可以把孩子关心的事情作为话题。"我真的很想知道，你能再跟妈妈多说一些吗？"这样的回应，会让孩子更有兴趣与父母展开交流。

Q 孩子的创造力好像下降了，怎么办？

我6岁的儿子真的很喜欢看书，从42个月的时候，他就能一个人看了。但是，现在看来，只看书似乎使他的创造力下降了。"21世纪一定要有创造力才能生存，没有创造力的知识将没有任何意义"，这样的说法让我非常担心。虽然周围的人都夸我儿子很聪明，但我总觉得，那只是一些单一的知识。现在我的孩子也没有上幼儿园，几乎每天都是一个人在享受读书的快乐，我该怎么办？

仁英妈妈

A 仁英妈妈，你好！所谓创造力，也不是什么求之不得的宝物，而是一种与思想关联，并具有丰富扩展性的思考。

创造力应该具备下面这四个元素。

第一是流畅性。这需要具备丰富的词汇。但是，请注意，不读书是无法获得丰富词汇的。

第二是准确性。在画一幅画的时候，有的孩子可能会画得一塌糊涂，有些孩子却是细致入微。比如小绿画画的时候，如果画一棵树，他会从发芽画到结出果实。事实上，要想画出这样的画，就必须了解种子是怎么发芽的，果实是怎样结出来的。

第三就是变通性。这是一种不带任何偏见，从各个角度观察事物的能力。读书，就是感受不同作者不同视角的过程。

第四是独创性。就这一点而言，如果没有知识，只凭空想是非常危险的。如果能从书籍中了解更多的事实，明白其中的关联，就可以形成自己独特的世界观了。

读书与日常生活中的丰富体验必须是并行的。只有走进自然中去体验，通过书籍扩展知识，才能为这些知识赋予生命。

当知识积累到一定程度以后，书籍会为孩子展开一个无限广阔的世界。现在，孩子已经达到了独立获取知识的状态，你还有什么好担心的呢？除了多带孩子走进大自然和生活中加以体验，只需在孩子旁边关注和期待就可以了。

父母必须要学习怎样跟孩子一起玩。在与孩子一起玩的过程中，父母也在成长。

05 通过游戏促进孩子的智力发育

这个时期，孩子会在跟妈妈玩耍的过程中学习。当然，通常还是以游戏为主，学习随之循序渐进。

让数字飞起来

比如，如果想教孩子认识"3"，可以很自然地跟孩子玩游戏，让他（她）多看到这个数字，"3好像是蝴蝶的翅膀，飞呀飞，然后就飞走了"。告诉孩子，"像蝴蝶一样会飞的数字就是3"。一边轻松地玩，一边让孩子有充分的认知，然后再进行短暂的学习。

不过很多妈妈都采用填鸭式的教育，直奔主题，告诉孩子"这是3"。孩子或许会想象，"妈妈，它好像是蝴蝶的翅膀"。

此时，妈妈更想做的是让孩子好好学，当孩子的幻想妨碍了学习进度时，就会责备道，"专心学习，别想别的"。

如果孩子联想到蝴蝶的时候，妈妈回答，"真的很像蝴蝶，长得像蝴蝶的就是3"，就可以在玩的过程中，让孩子也学到知识。

学习时间不要超过孩子的耐力限度

但即使是边玩边学，也要保证孩子学习的时间不要超出了他（她）能够集中精力的限度。当然，经常读书的孩子，能够集中注意力的时间会很长，但大部分学前期孩子的注意力集中通常无法超过5分钟。因此，要在孩子注意力转移到其他方面之前结束学习的游戏。如果孩子特别热衷于那个游戏，不愿意结束，这时候，当然可以继续。但是，如果妈妈心里想着要一边玩一边让孩子多学习而故意拖延的话，孩子就会对学习和游戏都表示出拒绝的态度。

在孩子表现出要停止的意愿之前，妈妈就应该停止。因为当孩子用语言表示出想停止的意愿时，其实他（她）烦躁的情绪已经持续很久了。妈妈应该通过孩子的眼神了解到孩子的心意。如果孩子感到疲倦或是不喜欢，会立刻在脸上表现出来。

每次小蓝看书，稍微表示出疲倦的样子，妈妈会立刻让他停下来，然后小蓝就长长地舒一口气。这就表示，刚才的活动并没有超出他的忍耐限度。

父母要学会和孩子一起玩

这个时期，孩子玩的游戏也变得更加复杂。如果孩子变得爱说话，就说明他（她）的语言能力正在发展；如果孩子喜欢折纸或者剪纸，说明他（她）已经具备了一定的空间直觉，这也可以算是数学能力的一种。男孩子喜欢让爸爸脱掉上衣，一起玩摔跤，可能是因为男性激素产生的活力所致，但这并不是暴力。也就是说，要把男孩子身上那种充沛的力量引导到正确的方向，培养孩子的男子汉气概。

父母现在必须要学习怎样跟孩子一起玩。孩子都喜欢在玩耍中学习。因此，孩子在各种游戏中能够学习到什么，很大程度上取决于父母是否知道玩的方法，或者是否教会孩子玩的方法。

随着孩子的长大，能够和孩子一起边玩边学的机会越来越少。所以，父母要先学习和孩子一起玩的方法，然后再教给孩子自己玩。父母一定要消除轻视孩子的态度，必须与孩子站在同一条水平线上，认真陪孩子一起玩。这件事虽然并不容易，却是一种很有趣的学习。因为在与孩子一起玩的过程中，父母也在成长。

为了培养陪伴孩子一生的学习态度和学习技巧，最重要的就是帮孩子养成读书的习惯。通过读书体会到学习乐趣的孩子，除了能够从自己的亲身体验中学习，还能够从整个历史长河中的无数伟大人物身上学习到知识和智慧。

Q 孩子只要一看书就走神，怎么办？

我家孩子已经42个月了，最近让我非常烦恼。他从小脾气就比较急，注意力很难集中。如果我想给他读故事，他就说"不要"。但是，在画画或者玩积木时，他的专注程度会让我感到吃惊。可是只要坐下来看书，他就开始东张西望，充耳不闻。

一直以来，我都很爱他，给他很多肯定，孩子也表现得很好。现在到了应培养学习习惯的时候，可是只要一开始给他读书，之前的那种乖巧就完全不见了。我也感到很奇怪，以前看书看到凌晨的孩子，现在怎么变成了这样呢？最近刚刚开始的美术课，他都很喜欢，可就是看书的时间不足，这让我不得不考虑是不是要放弃其他课程。是因为他把注意力都用在了别的地方，所以对读书没兴趣吗？

幸福妈妈

· ·

A 幸福妈妈，你好！妈妈总是会想到孩子前头的。但是，妈妈希望孩子热爱阅读的想法，其实并没有传递给孩子。除了这种想法，妈妈暗暗地还想要强迫孩子看书，而孩子对此很抵触，所以他看书的时候才会无法集中注意力。

造成这种情况的原因，从你的文字中分析，除了"以前看书看到凌晨的孩子，现在怎么会变成这样了呢？"就找不到其他的原因了。

读书应该是一种享受，而不只是学习。现在孩子并没有太多的选择的余地，他只能在父母营造的环境中尽量选择对自己有利的东西。如果妈妈能稍微改变一下想法，再多给孩子一些时间，孩子就会找到他真正想要的。这样，事情就变得很顺利，妈妈也不必为此烦恼。

在孩子很小的时候，妈妈读书时孩子能够很专心地听，到了18个月以后，自主性的活动变多了，孩子就会显得有些固执，对书的兴趣也会减少。在这样的时期，孩子更想做别的事，而不愿意阅读。这时候，最好鼓励孩子做他喜欢的事。在孩子心情好的时候，可以给他读一会儿书，以便让他保持住对知识的好奇心。这样，到了27个月左右，孩子就会又来缠着妈妈一直读书到深夜。

不同的孩子，在每个时期的表现也有所不同。但是在18～30个月之间，如果注意培养孩子的认知能力，经常为他阅读图书，那么以后他就会自己主动读书。妈妈不必强迫孩子单纯为了读书而放弃其他活动。另外，就是要为孩子准备适合不同阶段的书籍。

玩积木的时候，如果发现孩子注意力分散了，最好让他立刻停下来。给孩子读书的时候，一定要在孩子厌烦之前停止。最好挑选一些内容简单的书，而且书的内容是孩子感兴趣的领域，然后读给他听。当孩子表现出专心的样子时，不要忘记及时称赞和鼓励他。

06

爱孩子懂孩子的
幼儿园老师很重要

　　这个时期，可以通过上幼儿园来促进孩子的智力发育。选择
幼儿园时要考虑的，就是教孩子的老师。活动设施、教学计划等
当然很重要，不过，不同的老师将会带来截然不同的教育质量，
这一点更重要。经验丰富、懂得因材施教的老师以及性格温和、
肯于奉献的老师，会对孩子产生决定性影响。

　　挑选幼儿园的时候，父母最好能先提前参观一下，看看这
家幼儿园如何教育孩子。参观的时候，首先要观察教室里的氛
围。如果孩子在一个轻松自由的氛围中游戏、学习，就可以说这
是一家好幼儿园。相反，如果那里的氛围非常紧张，甚至还有些
可怕，老师让孩子待在角落里，就表示这是一家管理死板的幼儿

园，我不建议把孩子送到这样的幼儿园。

家里进行的教育和幼儿园的教育是不一样的。当孩子不适应幼儿园的时候，父母要多和老师进行沟通，了解具体原因。

小绿刚刚进入小学附属的幼儿园时就是这样。他平时在家里画画，有时一画就是几个小时，可幼儿园要求必须在限定的时间内画画，他干脆就不画了。于是，妻子去拜访老师，表示希望能给孩子足够的时间画画，因为我们看中的并不是得到什么结果，而是中间的过程。妻子告诉老师，如果那样孩子还是不适应，就只能考虑暂时退园了。老师接纳了我们的意见，从那以后，小绿在幼儿园的生活变得轻松而快乐。那时候，因为老师的关照，小绿对绘画的兴趣更加浓厚。现在，他已经达到画一本漫画的水平了。

如果有那样的幼儿园，有用真正的爱与关怀关注每个孩子个性发展的老师，采取的是让孩子自由发展的教育方式，就可以放心地把孩子送到那里。

有一位真正理解了"小蓝式教育"的妈妈，就经营了一家这样的幼儿园。她像教自己的孩子一样，用一种新的视角教育孩子。我觉得，这符合爱与关怀的教育原理，这种教育必将成为未来的发展方向。

Q 孩子不想去幼儿园，要强迫她吗？

我女儿6岁，认识的字不多，语言表达能力也很一般，注意力也不容易集中。她很不喜欢去幼儿园，最近两周干脆就不去了，我问她为什么，她似乎也说不出什么理由。幼儿园老师觉得，可能是现在上课的内容比5岁时繁重了一些。我想买了布娃娃鼓励她，帮她尽快适应幼儿园的生活，但又不知道这样做合不合适。

孩子妈妈 表顺

A 表顺，你好！如果孩子不想去幼儿园，即使她说不清楚原因，也一定是在心理上存在着阻止她去幼儿园的理由。我觉得，是不是妈妈的要求太高了？

孩子应该在父母深深的信任下成长。父母对孩子的这种信任，本身就是培养孩子责任感的一种方法。我不认为必须让孩子上幼儿园。当然，如果孩子能很好地适应幼儿园生活，也并不反对这样做。

现在这个年纪，孩子应形成对学习的基本态度，为上学做准备。但是，如果只认识几个字，还没有掌握自己学习的工具，对以学习为主的课程自然会不适应。在了解了孩子的情况以后，妈妈应该先教孩子认字、读书，提高孩子的理解能力、注意力以及思考能力。

孩子的教育最终还是掌握在妈妈手里，可以在家里寻找一些能够让孩子边玩边学的机会。如果只是靠一个礼物诱惑孩子上幼儿园，以后可能会出现其他更麻烦的问题。当然，我也认识很多真正关心孩子的幼儿园园长和老师，如果有一位能够懂得孩子的心理，关注孩子成长的老师，送孩子去幼儿园也是不错的主意。

最重要的就是帮孩子养成读书的习惯。通过读书体会到学习乐趣的孩子，除了能够从自己的亲身体验中学习，还能够从整个历史长河中的无数伟大人物身上学习到知识和智慧。

第六章

没有训斥声的正确育儿法

　　孩子出生以后，父母就要面对这样一个问题：怎样养育孩子才正确。妈妈觉得爸爸对孩子过于严格，爸爸觉得妈妈对孩子过于娇纵……之所以会出现这样的矛盾，就是因为无论父母自身受教育程度多高，在育儿方面每对父母都是初学者。

很多父母都有这样的误解：只有打骂才能让孩子成才。

　　打骂是一种把基础建立在威胁和恐惧上的教育方式。孩子被打骂之后，不会产生想要改变自己的主观意识，实际情况往往会变成，父母打骂越厉害，越是看不到效果。

　　每个孩子都是一个内心蕴藏着力量的生命体。养育孩子的最终目标，就是让孩子成为一个行为合乎规范、敢于承担责任的自由人，一个能自我管理、自我发展的人。要想实现这一点，父母必须为孩子营造一个可以自由发展的环境，充分激发出蕴藏在孩子内心的力量。

　　是否能够激发出孩子内心的这种力量，是育儿方法正确与否的重要判断标准。

> *父母和子女之间的亲密感，不是在一个早上建立的，而是逐渐累积而成的。*

01
正确育儿有前提

要想通过教育激发出孩子内心蕴藏的力量，就要满足以下几个前提条件。

父母要了解孩子，接纳孩子

第一，从孩子出生到青春期，父母必须清楚地了解孩子的每一个发育阶段。

以从出生到6岁（72个月）这个时期来说，孩子在每一个成长阶段，都会表现出完全不同的特点。只要对这些特点稍有了解，育儿就变得很容易。大部分没有经验的父母根本无法理解孩子"善变"的特性，因为这些育儿知识是学校教育根本没有涉及的。

一般来说，孩子都是以自我为中心的，总是希望把自己的要求放在第一位。所以，孩子的日常行为常常让大人觉得烦躁，甚至愤怒。

比如，在外面和小朋友打架，回家以后又哭又闹；出去玩的时候，不记得关灯和关电视；把玩具带出去玩，如果不叮嘱他（她）带回来，就会把玩具丢在外面，等等。

孩子不是成人。孩子的世界与成人的世界之间，存在着巨大的智力和精神方面的差别。孩子感兴趣的对象与成人是不同的。但现实情况往往是，父母只站在自己的角度思考问题，要求孩子完成一些在那个发育阶段无法完成的任务。只有当父母能够放松心态，接纳和肯定孩子，孩子才能顺利长大。

与孩子建立亲密的纽带关系

第二，父母和子女之间应该保持亲密的关系。

如果父母和子女之间没有亲密的关系，所有的教育都是无法完成的。父母和子女之间的亲密感，不是在一个早上建立的，而是在双方共同度过的时间里，逐渐累积而成的。

如果父母每天只是要求孩子做这，禁止孩子做那，不停地指责孩子的错误，就无法与孩子建立深厚的纽带关系。而且，这种情况还会导致孩子到青春期的时候出现非正常的逆反心理，处处抗拒父母。

父母应该对孩子采取认可的态度，通过关心与爱护，让孩子感受到足够的肯定与信任。这样的话，父母与子女之间就可以形成亲密无间的关系。

制止孩子的不良行为

第三，对于孩子的行为和感情，要分开对待。

允许孩子向父母表达自己的感情。即使在弟弟出生以后，孩子说"我讨厌弟弟"，父母也应该接受，并让孩子知道，父母能够理解他（她）的这种感受。但是，当孩子打人、骂脏话、故意搞破坏，或做一些会伤害到别人甚者反社会的行为时，必须坚决地制止。

对孩子在不同发育阶段出现的一些不良行为，父母必须制定恰当的规则和制度来规范孩子的行为。这是非常重要的。而且，对于这种规则和制度，父母应保持一贯的态度，培养孩子养成通过自己内心的力量控制不良行为的习惯。

如果在孩子成长的初期阶段，没有培养好这种内心力量，他（她）在成年以后，就会感到没有可以依赖的原则，也无从做出正确的价值判断，很容易被犯罪、吸毒等反社会行为所诱惑。当然，这些规则和制度必须要合理，要根据孩子不同年龄段的行为特点来制定。

当想要让孩子做什么的时候，最好不要使用命令的口气。

02 称赞与鼓励孩子需技巧

不要忽视孩子的情感发育

导致孩子无法成才最重要的原因之一，就是智慧与情感出现严重背离。智力发育有可能超出实际年龄15～30年，但感情发育则必须与年龄同步。在孩子智力快速发展的时候，很多父母都忽略了情感发育的重要性。在身体、智力、情感中，如果智力发育比较突出，妈妈往往会感到非常欣喜，"就算不知道关心别人，就算自私又怎么样，只要足够聪明就行了"。

但是，当这样的孩子逐渐长大，恼人的一面就表现出来：情绪冲突不断，很多孩子还会因此失去对学习的兴趣，走上社会后也难以获得成功。

孩子的学习，当然应该以愉快的体验为基础。但是孩子也应该具备一种力量，对不喜欢但必须做的事情能忍耐并完成。这种力量，就来自于自我控制的能力。

在社会生活中，那种自以为是、自私自利的人是不会得到周围人认同的。只有在稳定的情感发育基础上再为孩子赋予智慧，才是最成功的教育。

促进情感发育的方法，除了听音乐，在自然界中体验、读书等，最重要的是，通过称赞和鼓励帮助孩子建立起健全的情感世界。

称赞与鼓励孩子的原则

当孩子身上发生了哪怕只是一点点的进步，如果及时称赞和鼓励孩子，就会让孩子的这种变化越来越大。一定要观察孩子的变化，真心地给他（她）称赞和鼓励。这并不是溺爱，这是一种很好的教育方式。

称赞和鼓励孩子的时候，应遵守下面这样的原则。

第一，当孩子情绪不稳定、生病或者身体状态不好的时候，绝对不要让他（她）学习。

孩子不舒服、吵闹、兴奋的时候，不管怎样教导或说教，都不会起到任何作用。

小蓝小时候，有段时间便秘很严重，每次上厕所之前，他都精神紧张，甚至有些神经质。那段时间，小蓝妈妈什么都没有教他。每天早上孩子刚刚睡醒，心情很愉快的时候，妈妈观察孩子的情绪不错，然后给小蓝读他喜欢的书。

第二，不要强迫孩子做超出他（她）能力范围的事。

让还不到9个月的孩子学习怎样上厕所，或者让两三岁的孩子在餐厅里保持安静，这些都是超出孩子能力范围的要求。之所以会出现这些要求，是因为父母对孩子的发育过程认识不足。很多父母都不了解，孩子在不同的年纪和发育阶段，能做的事情是不一样的。

两三岁的孩子在餐厅里跑来跑去是很自然的表现。父母与其命令他（她）安静地坐好，不如给孩子一些感兴趣的东西转移其注意力，或者在孩子具备自控能力之前，不带他（她）去那类场所。

第三，对于孩子的错误，选择漠视而不是指责。

当孩子做出一些错误的行为时，指责甚至惩罚孩子，很可能引发孩子的负面情绪。当然，如果孩子的行为危及生命安全，例如在马路上乱跑，当然应该打几下屁股，以示惩戒。不过，如果不是那种严重的情况，最好不要给孩子惩罚。指责和惩罚反而可能加剧孩子的这种错误。事实上，表现出一种漠视的态度，对孩子改变错误行为，效果会更好。

比如，5岁的孩子不知道从哪里学会说脏话，并开始骂人了，父母一定会非常吃惊。父母的这种反应会让孩子觉得很有趣。这样一来，父母的紧张、慌乱就会带来相反的效果，让孩子说得更带劲儿。这时候，无论孩子说什么，父母都装作没听见，因为看不出任何表情，孩子就会觉得很没意思，慢慢就不再说那些话了。

第四，用爱与关怀代替物质奖赏。

通常，孩子有什么事做得好，父母就买东西作为奖励。经常这样的话，孩子就会直接提条件，"妈妈，要是我做得好，你给我买什么？"这就会使孩子产生价值颠倒现象，让孩子以为，在所有价值中物质是第一位的。其实，妈妈一个温柔的眼神，一个亲吻，再加一个拥抱，就是给孩子最好的奖励。

第五，在日常生活中，经常称赞和鼓励孩子。

多数情况下，当孩子们打架或是吵闹的时候，妈妈往往马上制止或是数落孩子一番，可当孩子们安静友好地相处时，妈妈仿佛没有看到。其实，只在孩子吵闹的时候表示关注，反而是鼓励孩子的那种行为。

那些调皮，喜欢吵闹的孩子，当他（她）安静下来自己玩的时候，妈妈可以走到孩子身边，摸摸他（她）的头，或者紧紧抱一下，说"安静地一个人看书，真的很乖"。经常得到这样的鼓励，孩子就会慢慢变得安静起来。同样，当孩子们玩得很好时，父母多给他们一些称赞和鼓励，而不是只盯着孩子之间打架这类事，孩子们的关系就会越来越融洽。

当想让孩子做什么的时候，最好不要使用命令的口气，"你去做这个"或是"你去干那个"，应该是正式地拜托，或是提前给予鼓励。

小蓝房间很乱的时候，我和妻子也从来没有命令过他，"小蓝，你的房间是猪窝吗？赶快打扫干净！"如果发现他的房间很乱，想让他去打扫的时候，我会先对妻子这样说，"小蓝他妈，小蓝打扫完房间了吧"，妻子也配合着我说，"小蓝可是打扫房间的高手"。

在我们这样的对话中，小蓝的房间会很快变得干净起来。当然，前提是，不能把称赞作为诱饵去诱惑孩子。只有称赞和鼓励要发自真心，孩子才会有所行动。

第六，称赞过程而非结果。

当孩子在某方面取得一些进步的时候，最好给他（她）一些具体的称赞。上小学的时候我有一个习惯，洗漱的时候只洗脸，所以耳朵后面总有点儿脏。有一天，我洗了耳朵去上学，老师立刻鼓励我说耳朵很干净，并且说，"今天真是让人高兴的一天"。就是老师这样一句话，让我改变了不良习惯，从此以后每天都认真地把耳朵洗干净。

很多妈妈在孩子画画的时候，都只指出孩子画得不好的地方，这是很难让孩子对绘画产生兴趣的。如果能发现孩子画得好的部分，并就此称赞他（她），孩子的绘画水平一定会很快得到提高。

如果只称赞结果，会让孩子感到很紧张，"得了第一名啊，真棒"这样的称赞会让孩子担心下次得不到第一名怎么办。如果称赞孩子说，"你为了得第一名真是很努力"，孩子就能在自信中慢慢长大。

对于孩子来说，父母是他们强烈
想要模仿的对象。

03 培养孩子拥有健全的自我

　　称赞和鼓励，最终是为了改变孩子内心的自我认识，把孩子
的行为引到正确的方向上。

　　如果说正确育儿的目的是让孩子成为"能够自我控制的
人"，父母就应该更加注重培养孩子拥有一个健全的自我。在前
面也曾经提过，不过在这里我们还要更具体地介绍，如何培养孩
子对自我的认识。

给孩子创造适当的环境

　　培养健全的自我，最简单的方法就是为孩子创造一个适当的
环境，把孩子遭受斥责的机会降到最少。如果家里到处都摆放着
孩子不能摸的东西，那孩子只能在数落声中长大。如果父母清理

掉那些危险的物品，摆上孩子感兴趣的图书和玩具，孩子就会沉浸其中，这样也会给父母一个休息的机会。

同样，在孩子长时间坐汽车的时候，可以准备一些喜欢的玩具或书籍，或者在路上和孩子一起玩拼图或词语接龙游戏，这样可以避免在旅途中因为与孩子发生冲突而破坏心情。只要父母能够敏感一些，为孩子创造一个适合孩子的环境，在育儿过程中，就会减少很多问题和矛盾。

尊重孩子的个性，给孩子独立的机会

每个孩子从一出生，就有自己的个性。很多妈妈都觉得很奇怪：一个母亲所生的老大和老二，性格却完全不同。之所以会出现这种情况，除了每个孩子天生的性格不同，也因为在家庭中所处的位置不同，导致两个孩子感受到的环境完全不同。

老大因为是第一个孩子，直到老二出生之前，独占了父母全部的爱。因为父母当时经验不足，对孩子百般呵护，所以老大通常是在过度保护的环境中成长起来的。因此，老大往往对任何人和事都具有充分的信任感，但灵活性不足。

老二就不同了，因为上面有哥哥或姐姐，所处的立场是必须要从父母那里争取爱。老儿出生的时候，父母也有了一些育儿经验，因此会给孩子更大的自由空间，所以老二一般都情感丰富，懂得变通，有很好的灵活性。如果家里还有第三个孩子，那么老二就会变得很尴尬，既没有老大的优势，也没有老小的优势。

可见，当家里有几个孩子的时候，每个孩子的成长环境都是不一样的，父母要认真观察每个孩子的个性，按照适合每个孩子的恰当方式养育他们。只有这样，才能让每个孩子都能拥有强大而优秀的自我认识。

还有一点也很重要，那就是当孩子想要独立做某件事的时候，不要妨碍他（她），一定要给孩子这样的机会。

如果孩子想拿着勺子自己吃饭，就帮他（她）把勺子握紧，鼓励孩子自己吃。这时候，孩子其实是在通过如何用勺子学习自我控制。

如果妈妈总是担心孩子吃不好，一定要喂他（她）吃，就相当于是剥夺了孩子学习独立和自我控制的机会。由妈妈喂饭，孩子确实可以吃得又快又好，但是如果给孩子独立尝试的机会，对于孩子增强自我认识更有帮助。

父母要做出好表率

对于孩子来说，父母是他们强烈想要模仿的对象。父母应该利用孩子这种下意识的模仿欲，帮助他们形成正确的自我认识。也就是说，父母自己要有积极的性格和良好的习惯。这样，孩子就能在潜移默化中学习。

如果想让孩子爱看书，父母自己要有经常读书的习惯。如果想要孩子有进取心，父母先要表现出积极上进、永不放弃的决心。

如果想要孩子学会尊重别人的权利和感情，父母首先要懂得尊重孩子的权利和感情。

孩子会模仿父母每天的行为，其实这是一件很可怕的事。如果爸爸抽烟，那你很可能会在孩子的游戏中看到他（她）在模仿爸爸抽烟的样子。

把对孩子的爱表达出来

大部分父母都认为，这么小的孩子是没有烦恼的，其实他们忽略了，孩子也会感到紧张和害怕。特别是当夫妻之间出现矛盾的时候，当事人情绪激动，往往忘记了孩子的感情也会因此而受到影响。

在讲演中，曾经有一位妈妈告诉我，她的孩子曾经含着眼泪对她说，"只要爸爸妈妈不吵架，我一定很乖、很听话"。所以，大家都不要忘记，夫妻之间的争吵会极大地阻碍孩子成长。

另外，把对孩子的爱表达出来，让孩子知道，父母可以理解他（她）的感受，这也是非常重要的。很多父母觉得，孩子已经长大了，没有必要再那样做了。其实，来自父母的拥抱、亲吻，甚至只是晚上帮孩子盖被子，都会让孩子体会到父母对自己的爱，孩子也会因此对父母产生更大的信任和更深的感情。

小时候没有从自己父母那里感受过这种爱的人，在自己做了父母以后，向孩子表达自己的爱时，会感到很别扭和不习惯。如果只是把爱埋在心里，孩子是无法体会到的。如果能从孩子很小的时候，就不断地把对孩子的爱表达出来，有助于帮助孩子建立一个完整而健全的自我认识。

"顺其自然"本身就是最伟大的
老师。

04
不要剥夺孩子自我领悟的机会

提高孩子自我认识的一个重要方法，就是让孩子自己学习，获得"顺其自然"的结果。很多妈妈都是提前教会孩子很多东西，也因此剥夺了孩子自己领悟的机会。

比如，我在讲演中，很多次听到一些孩子妈妈向我抱怨，已经很晚了，可孩子还要看书，根本就不肯睡觉。每当这种时候，我就会问她们。

"看书看得晚，会有什么问题吗？"

"早上起不来，来不及去幼儿园。"

"上幼儿园迟到的话，谁挨说？"

"孩子呀。"

"既然孩子挨说，妈妈有什么好紧张的？"我还会继续问，"所以，还有什么问题呢？"

如果孩子迟到了，并受到老师的批评，这样就会给孩子带来不愉快的感觉。到那时候，孩子就会主动要求妈妈早点喊自己起床，或者是自己早睡觉。

如果妈妈一直催孩子早点睡觉，早上早点儿起床，孩子现在可能被迫听从，但会失去自主的力量，再长大一些就会为此与妈妈产生矛盾。

如果妈妈不是总想由自己来教孩子做一切事情，那么"顺其自然"本身就是最伟大的老师。如果孩子希望得到那种结果，就会继续那样；如果孩子不希望有那样的结果，也会自动修正自我行为，从而形成明确的自我认识。

当"顺其自然"的结果与孩子的生命和安全发生冲突时，父母必须立刻介入。如果"顺其自然"的结果只是让孩子感到不愉快，而不会产生伤害的话，那么，父母只要在旁边关注就可以了。

第七章

在深深关爱中成长的孩子

　　我的小人儿，是你让我的人生变得丰富而美丽，我为什么没有早点儿意识到这一点呢？

　　所幸，在孩子的美好时光没有溜掉更多之前，我知道了这一切。小蓝网——我和妻子人生最大的幸运物。就算我们的物质生活并不丰富，但在精神上，我们每一天都在成长，每一天都变得更加幸福。

01
"小蓝爸爸育儿书"让我
丈夫变成孩子的好爸爸

"扑通、扑通"，每次看到艺恩的小脸——那是上天赐给我的最好礼物，还有每次在小蓝网上输入会员号的时候，我都能感受到这种迫切的心跳声。我每天都登陆小蓝网，网页上的点点滴滴都是我的育儿教材。

每天无论多忙，我都会几百次地注视着艺恩的眼睛，告诉她妈妈很爱她。哪怕别的事都不做，我也要每天拿出一个小时的时间跟她说话。无论做什么，我都会在开始之前向艺恩说明情况。这样的日子，从怀胎10月一直到现在——艺恩已经30个月了。

小蓝爸爸推荐的书，我都无条件地买来阅读。小蓝爸爸的这本育儿书，让曾经傲慢的我，开始重新思考应该以什么样的态度跟孩子在一起。不得不说，书的内容不仅对我，对本来毫不关心这些事的艺恩爸爸也很有帮助。

几天前，我抱着感冒的女儿很着急。丈夫说，"看到孩子这样，不光你伤心，还有一个人也很难过！艺恩，都是因为爸爸对你不周，让你感冒了，对不起！不过，我们艺恩一定会很快好起来的，对不对？爸爸会一直守在你身边，艺恩不害怕，一定要快快好起来。"说这些话时，丈夫眼圈都已经泛红了，我的心像被重重地捶了一下。为人父母，就该如此吧。

刚有孩子的时候，我很热衷于给孩子做抚触，可艺恩爸爸对此很不屑。看到我整天看各种育儿书，他还讽刺我，"难道你不看书就不会照顾孩子吗？当父母是一种本能……"但自从看了小蓝爸爸的书以后，他如同挨了当头一棒。

从那以后，白天下班回来后，丈夫会一直陪孩子玩，孩子睡觉的时候，他就做各种游戏道具。当我看育儿书看到上下眼皮打架的时候，他也不再对我冷嘲热讽了，而是说，"多看看书也好"。我欣喜地看到，小蓝爸爸的书把我丈夫变成孩子的好爸爸。

我丈夫完全变了一个人。他变成了一个活泼好动的爸爸，不上班的时候，他常带孩子去公园踢足球，或在客厅支起篮球架，和孩子一起跳来跳去。他也变成了一个温情的爸爸，下班回来，总是先抱抱孩子，问她一天都做了什么，还主动告诉孩子自己上班都做了什么。他还变成了一个可爱的爸爸，常常打开音响，拉着孩子的手一起跳舞。他更变成了一个耐心的爸爸，即使着急出门，也要等孩子自己穿好鞋。

爸爸培养孩子活泼的性格，妈妈用语言教导孩子，我和丈夫教育孩子就正好验证了这句话。而我们的艺恩说，"在这个世界上，我最喜欢妈妈，也最喜欢爸爸，你们两个我都喜欢！"

自从那个动不动就吓唬孩子的爸爸也懂得蹲下来，看着孩子的眼睛跟她说话以后，艺恩就成了这个世界上最幸福、最善良、最可爱的公主。虽然有时我也会很疑惑，不明白一本书为什么会让丈夫有这么大的变化。但是，不管怎样，多亏了这本书，我们家现在天天都是"艳阳高照"。

当我把小蝌蚪和小鹦鹉带回家时，艺恩发出的欢呼声让我的嘴角浮出微笑。之前已经指着图片教了她无数次，可她还在说，"你再说一遍"。但真的看到小蝌蚪和小鹦鹉时，她脱口就说出了它们的名字。在那一瞬间，我非常羡慕能经常在山野间玩耍的小蓝和小绿。

这件事之后，无论多忙，我们还是尽量抽出时间带艺恩到大自然中去。艺恩非常喜欢恐龙，可以记住很多恐龙的名字。她可以流畅地读书，会使用敬语，一首歌只要听一两次就可以跟着唱。无论是看书还是玩玩具，艺恩都可以把注意力集中一两个小时。所有这些，都让我和丈夫感到很欣慰。

我们认为，无论在什么情况下，都不能让艺恩变成一个自私的孩子。因为，不是只有我们的孩子好，就代表整个世界好，只有大家都好，世界才会更加美丽。我们倾注了全部心血，每一天都关注着孩子的成长，并把爱的目光投射在艺恩和其他所有孩子身上。

小蓝网网友　我爱你艺恩 bestgift1

父母要做的，就是怀着浓浓的爱
耕耘和等待，孩子会依靠内心的力量
开花结果……

02
了解孩子的发育过程，一切都变得轻松起来

在我家智尚15个月的时候，我知道了小蓝网。对我来说，那是一次新鲜的冲击，甚至说是我人生的转折点也不为过。那时候的我，是个对育儿一无所知的妈妈。当时，我还在给孩子喂母乳，正在犹豫要不要继续喂下去；还有，我不知道孩子哭的时候，如果立刻把他抱起来，孩子会不会因此养成坏习惯。周围人的说法和我自己的想法混杂在一起，常常弄得我不知所措。

到孩子周岁的时候，我总觉得一定是自己哪里做错了。对于孩子的相同行为，我常随着自己的心情做出不同的反应，有时觉得那是犯了大错，有时会视若不见。这使孩子感到很紧张，我自己也无法从中感受到任何快乐。

困惑之后，我琢磨，在养育孩子这件事上，一定存在更好

的方法。为了找到这样的方法，我开始学习：阅读书籍，浏览网页。一个偶然的机会，我知道了小蓝网，并立刻被吸引了。

那段时间，我读了几十本育儿方面的书，一直到看了小蓝爸爸的这本育儿书，才发现我找到了一直寻找的那种育儿方法。

"啊！就是这样。以前我一直打着爱的名义给孩子制造各种伤害。我总想让孩子进入我制定的框框里，我的方法真的是很错误。"因为对孩子有歉意，我有好几晚不能入睡。在养育孩子的过程中，我犯了太多的错误。如果能了解孩子的发育过程，那所有的事情都变得不一样了：看孩子的目光，我的行为，还有我们的生活……

我感觉自己几乎虚度了15个月。现在，智尚的运动能力发育得很快，但语言及互动方面都不太好。之所以会这样，是因为我一直觉得，只要让孩子吃好，把他收拾得很干净就行了，其他的事情都不那么重要。

既然已经晚了，就要加快进度。从那时开始，我几乎把一天24小时都放在了智尚身上。因为我已经找到了方法，当然要毫不动摇地坚持下去。

我开始把孩子当作一个人格体来面对，像对待成年人那样，经常带他去服装店、药店、超市、市场、鞋店、医院、保龄球馆、展览馆等以前从来都没有去过的地方，并不断地告诉孩子，这是在哪里，这是卖什么的。而且，只要有机会，我就告诉智尚，妈妈很爱他，并经常拥抱和亲吻他。我还是尽量为孩子创造可以独立的机会。虽然我们住在城市里，但我还是经常找时间带孩子走进大自然。在那样的环境里我才知道，原来一棵小草，也会让我和孩子说上很多话。看到孩子与大自然的亲密无间，我似乎也回到了童年时代，忽然发现，原来昆虫和小鸟的鸣叫是那么动听。

现在我明白，不应该按照我自己的想法去要求孩子，而应该看着孩子的眼睛，解读孩子的内心世界。全新方式的爱，让孩子也发生了很大变化。15个月时还不会叫爸爸妈妈的智尚，20个月的时候开口喊"爸爸、妈妈"，22个月的时候就已经能说句子了。

到智尚26个月的时候，我们去公园玩，他说话非常流畅，词汇量丰富到让我吃惊的程度。想想当初因为他不说话，我还一度以为他是哑巴，现在想来真是很惭愧。

那段时间，智尚看了很多的书。智尚现在36个月，从15个月到现在，他看了1500本书，我想这应该算是一个不小的数吧。最初的时候，他根本就是一本书都不看，到后来自己有了兴趣，能够集中注意力的时间也越来越长，现在他成了一个没书读都不行的孩子。

智尚看了很多书，所以说话流畅，还学会了很多更为复杂的词。通过在小蓝网上获得的信息，加上我自创的方法，每天让智尚坚持学习5分钟，到他31个月的时候，竟然能够神奇地逐行阅读，并且能看一些我认为有难度的书了。以前我以为只有那些天才孩子才能在三四岁的时候认字，没想到，这个奇迹也出现在我的孩子身上。我和孩子的亲身经历证明了小蓝爸爸所说的，环境真的很重要。

那段时间，智尚刚刚有了一个弟弟。起初，他似乎很不适应，经常发脾气，甚至做噩梦。每当那时候，我都暂时放下老二，注视着智尚，告诉他，"智尚，妈妈真的很爱你"。

因为小蓝爸爸的书中曾经提到过类似的情况，所以当智尚出现一些退步行为时，我可以坦然地接受和面对。现在，智尚很喜欢已经6个月的弟弟，换尿布、换衣服等，只要是跟弟弟有关的事情，他都抢着做。每天亲亲弟弟也成了智尚的例行公事。每次看到智尚这个样子，我真的觉得很幸福，内心充满了难以言说的感动。

现在，智尚成了一个情绪稳定、性格开朗活泼的孩子。我相信，这都是我了解了孩子的发育过程，并且能够读懂孩子眼神所带来的结果。

现在，跟孩子在一起的每一分钟，都让我感受到一种想要流泪的喜悦。我想，父母与子女在一起的这种幸福，应该就是"小蓝教育法"的真谛吧。

智尚如同一粒种子，虽然很小，但属于自己。我不知道他会结出怎样的果实，父母要做的事，就是怀着浓浓的爱意耕耘和等待，孩子会依靠自己内心的力量开花结果……

小蓝网网友　粉色Jjha34

03

深深的关爱，改变孩子的人生

在我的育儿日记中，有一篇是关于婆婆的，她为了住院的孙子能高兴一些，拿着空饮料瓶到处捉大蜘蛛！我一定要把那天拿到蜘蛛时的感动之情记录在日记里，等以后我的孩子长大了，让他知道，奶奶有多么爱他。那天，我和儿子看着蜘蛛说了很多话，讨论它有几条腿，嘴巴长在哪里，蜘蛛网是怎么织的……

一边上班，一边养育孩子，的确不是件容易的事。即使怀孕的时候，我也很少休息，要每天忙碌，为生活奔波。孩子出生3个月就托付给了奶奶。所以我的孩子，有一半是靠奶奶养大的。

因为儿媳妇过于争强好胜，婆婆虽然嘴上不说，但心里有很多不满。而因为婆婆缺少卫生观念，也让我的内心备受煎熬。

每天上班之前，我都会把孩子要吃的奶按照每次的量分别放到瓶子里。孩子吃辅食的时候，奶量会适当减少，吃饭的时候还要单独为孩子准备好小菜。那时候，很多事情我都不想让婆婆插手：不让她洗奶瓶，也不让她洗衣服，只让她好好看着孩子。现在回头想想，那根本就不是为婆婆着想，只是为了让我自己内心舒服一些。

现在我的想法变了，如果以后有了老二，我想我不会再那样做。婆婆想做什么就让她做什么。多喂孩子一勺奶喝，偶尔不洗手就抱孩子，给孩子换尿布之后也不洗手……这些又能怎么样呢？虽然婆婆从来没有抱怨过，但我知道她为孩子付出了很多的心血。

就这样在无数误解中，孩子长到了33个月。那段时间，丈夫夹在我和婆婆中间也是左右为难。那时候丈夫的日子可能比我，比婆婆更加难熬。但是，丈夫一直很好地扮演着中间人的角色。也正是因为有这样一个丈夫，现在，我们一家人终于可以坐下来，带着笑容聊聊孩子的事了。

在孩子10个月左右的时候，我知道了小蓝网，同时也阅读了很多妈妈写的文章和育儿书籍，这让我的想法有了翻天覆地的变化。我开始尝试着向孩子表达我对他的爱，坚持每天早上都和孩子一起看会儿书，共度一段美好的时光。

早晚和婆婆见面的时候，我都会和她聊起育儿书里以及从其他妈妈那里获得的，觉得对育儿有帮助的内容，"妈，最好不要让孩子看电视，也尽量不要给他吃快餐；那些他能自己一个人做的事情就让自己做；不要强迫孩子跟别人打招呼；要是他不肯吃饭，也不要追着喂，饿了他自己就会来吃；尽量别跟他说'不行，不要'这样的话；不要在孩子面前议论他；经常把书铺在地板上……"

在孩子的发育过程中，我不断对婆婆说着这样的话，"妈，昨天道贤说……""晚上我给他读书的时候，他也这样说"。慢慢地，婆婆也非常详细地告诉我，白天她看孩子的时候发生的事情。她或许不知道，那些话语对我有多么珍贵。有了那些描述，我便可以想象出我的孩子度过了怎样的一天。不能陪在孩子身边，这也算是一种弥补吧。

我们的这些交流全部都是我写育儿日记的素材。有时候，孩子发生一件特别的事，婆婆还会特意打电话告诉我。这让我真的非常感动。

因为孩子，我和婆婆每天都见面。婆婆也开始留心我的各种行为，了解我是怎样的一个人。我是会先大声跟孩子打招呼的妈妈；是带着灿烂的笑容迎接孩子的妈妈；是为了家里等候的孩子尽量按时下班的妈妈；是会为孩子说明一切的妈妈，连一只小蜘蛛，路边的一朵小花都不会放过；是买书多过买衣服的妈妈；是认真回答孩子所有问题的妈妈；是到了休息日就把全部时间用来陪孩子的妈妈；是只因为孩子曾说，"妈妈，我喜欢你这样的头发"，就一直留短发，从来不肯烫发的妈妈。

对这样的儿媳妇，如此懂得关心孩子的年轻妈妈，婆婆显然很满意。有一次我还听到婆婆对小姑说，"应该跟你嫂子学习怎么照顾孩子"。

看着孙子的发育和成长，有一天婆婆忽然静静地对孩子爸爸说，"你妻子教育孩子的方法是对的"。

看到自己的孙子越来越与众不同，婆婆的教育观在她60岁的时候发生了改变。她开始亲身实践小蓝爸爸倡导的深深的关爱。

有一天中午我回到家，看到婆婆正在和孩子一起指着日历上硕大的数字玩游戏。那时，我的感动，真的难以用语言表达，内心似乎有什么东西一直在往上涌，几乎要落下泪来。

春天的时候，婆婆背起孙子，走进塑料大棚，教孩子认识稻子，只是因为我曾经对她说过，"没事的时候，可以教孩子认认植物"。现在，孩子经常指着各种花草告诉我那是什么。虽然他说出的名字明显带有家乡的口音，但因为孩子的这些表现全部来自婆婆的一片真心，所以我每次都会报以微笑。

桃花开了，婆婆就带着孙子去摸桃花娇嫩的花瓣。有一天，孩子用空塑料瓶装了一瓶泥鳅送给我。每天孩子都会告诉我不同种类的螳螂和青蛙。我知道，这些全部源于婆婆的关怀。

还有一次，婆婆问我，孩子总缠着让她煮方便面，应该怎么办才好。我就说，"妈，您只在盒子里放一袋方便面，让孩子看到，然后煮给他吃，并告诉他这是最后一袋"。婆婆果然照我说的做了，过了几天，她很开心地告诉我，现在孩子再也不吵着要吃方便面了。

婆婆一直在用深深的关爱照顾她的孙子。小蓝爸爸倡导的深深关爱不但会改变孩子的人生，也让丈夫也开始关心育儿问题，还改变了婆婆的育儿观。

当我把这些事情用文字记录下来，内心中的歉意其实比感谢更多。长辈的爱永远是无私的，可我们却忽略了对他们的孝道。幸好我的孩子给爷爷奶奶带去了很多快乐，这让我也因此略感欣慰。希望这些文字能把婆婆的辛苦、关怀、爱全部记录下来。以后，当我的孩子遇到人生中的挫折与失败时，希望他可以从这些文字中获取力量。

小蓝网网友　光灿yk3035

父母懂得关怀孩子，同样孩子也会懂得关怀父母，儿子不再制造各种各样的麻烦了。

04

6万韩元"买"来一本书

　　我是一名工程师，可能因为工作关系，我的同事都特别喜欢喝酒。一天，一个不错的朋友说要给我一件好东西，但条件是我得请他喝酒。

　　我们找了一家小酒馆，那位同事很能喝，我们在那里待了三四个钟头，酒钱花了6万韩元（约合350元人民币）。

　　醉醺醺的朋友给了我一本育儿书，就是小蓝爸爸的这本育儿书。妻子看了这本书以后，似乎受到很大冲击，连续好几天都没睡好觉。妻子本身就是幼儿教育专业毕业的，但是，读完这本书后，她的观念出现了180度的大转弯。在妻子的"命令"下，我也看了这本书，必须承认，我也受到了很大的冲击。

　　我们决定，从打孩子屁股的习惯开始改。另外，在我和妻子身上发生的最大变化就是不看电视了。以前，我们都很热衷于看电视，有时孩子让我们给他读书，也常常随便塞给他个玩具就算了。现在想想真的很惭愧。

现在，一到周末我们就带着孩子去乡下。以前因为觉得不方便，我很少去妻子的娘家。现在为了孩子，我们经常去，因为乡下的自然环境是比书籍更好的教育场所。孩子一到了乡下就不肯回家，我和丈母娘的关系，也因为经常接触而变得融洽。

现在我也成了一个爱说话的人。其实以前我是没什么话的人，往往是妻子说十句，我才只点一下头。就是这样的我，现在回到家以后，也会和特别喜欢汽车的儿子一起玩修车厂的游戏。"唉呀，后轮爆胎了，快叫牵引车来把它拉走"，听到我这么说，儿子就开心地咯咯笑。现在，他只要看看车尾，就能知道那是什么车，还跟我讨论发动机、后视镜、方向盘、齿轮、雨刷器、机油什么的。这让我很开心！

另外，"不行"这两个字也从妻子嘴里消失了。妻子的性格非常强势，每次孩子做什么事，如果稍有危险，她就会立刻说"不行"。这样无论是对孩子还是对我和妻子，都觉得非常紧张。当妻子知道关怀孩子，不再说"不行"的时候，我们反而觉得心情完全放松下来。可能是因为父母懂得关怀孩子，同样孩子也会懂得关怀父母的原因吧，儿子不再制造各种麻烦了。

这本我用6万韩元换来的书，妻弟也很喜欢，因为他也马上要当爸爸了。在我们家，都把小蓝爸爸这本书叫做"6万韩元的书"，因为6万韩元足够我们全家出去好好吃一顿了。但是我相信，在以后的日子里，这本书一定会带给我们更有价值的回报。

小蓝网网友　爸爸和爸—爸kyc311

育儿，并不是一个把有棱角的东西磨圆的过程。父母应该认真观察，帮助孩子培养自己的个性。

05 这也是我的成长之路

我想，没有什么，

能比种下一棵小树，

然后看着它慢慢长大更加美好了，

而这，也是我的成长之路。

我盼望着这样的时刻——

一棵充满爱的小树慢慢长大……

孩子爸爸在家里说得最多的话就是，"我怎么能有一个这么可爱的儿子？啊——真帅，噢——太帅了！"每次说这几句话的时候，丈夫的眼睛里仿佛放射爱的光芒。

我是从朋友的姐姐那里听说小蓝网的。那时候，我的孩子刚刚出生四十多天。过了没多久，我就在书店里发现了小蓝爸爸写的书。

在育儿方面，我最尊敬的就是小蓝的父母。

从胎教的时候开始，我就经常跟孩子说话。对于还没有出生的孩子，我的爱已经非常深厚了。从某个角度说，我觉得孩子小的时候很难带。我的孩子12个月之前，我都是把他抱在怀里到处走，指给他看各种各样的东西，每天都跟他说很多很多话。

我遇到的第一大育儿困难出现在孩子的第一反抗期。没想到即使是像我这样足够宠爱孩子的妈妈，也遇到了很多困扰。每次遇到育儿方面的问题，我都到小蓝网上寻找答案，还认真阅读小蓝爸爸写的书以及网站上推荐的各种育儿书籍。

正因为如此，我对充满活力和好奇心的孩子也越来越了解。孩子开始学走路以后，表现出旺盛的精力和好奇心，甚至晚上12点也不愿意睡觉，睡一会儿之后，有可能会在凌晨2点或3点醒过来，哭着要到外面玩。孩子还曾经睡着睡着，突然坐起来说，"妈妈，书！妈妈，书！"从17个月开始，孩子总是缠着我，让我给他买小汽车，"妈妈，车，妈妈，车！"孩子对那种会唱歌的小汽车的喜爱，一直持续到他36个月的时候。

可是，身边所有人都跟我说，不能这样养育孩子。孩子应该从小养成好习惯，如果夜里他一要求出去就带他出去，慢慢地，就会养成这样的习惯。而且，有时候应该适当地打他几下屁股，以示惩戒。

可是，每当我看到孩子的目光，这些想法就都没有了。而且，我读了小蓝爸爸的系列育儿书以后，也逐渐认同了小蓝父母的观点。正因如此，对于孩子的行为，我的信任度越来越高。关于教育，我也有了自己的一套方法。

在育儿这条道路上，我遇到了一个人，如同我的指路明灯。

当孩子做错事的时候（当然是按照父母的标准）可以打他几下，把错误打回去。如果孩子错了，当然应该制止并警告。但是，如果孩子是在特定时期表现出特定行为，那就代表着孩子正在要求这方面的成长。比如孩子在36个月的时候，会学习物品从属的概念，会对某件东西特别执著，作为父母，可能会觉得很麻烦。

可是，如果给孩子过多这样的伤害，很可能会让他变得听不进别人的意见。育儿，并不是一个把有棱角的东西磨圆的过程。对于那些突出的部分，父母应该认真观察，帮助孩子把它变成属于自己的个性。

"如果不开心就走开"，这是育儿过程中很有用的一句话。如果孩子不能在那种状况里获得快乐，走开当然是最好的选择。

在孩子的所有发育阶段都可以通用的，就是接纳孩子的想法和感情。就算觉得麻烦也要给孩子足够的时间。如果父母有什么主观愿望，要用语言慢慢解释给孩子听。而且，我找了很多有关的书籍来了解孩子目前正在感兴趣的内容，并把了解到的展示给孩子。

用语言进行教育，最初可能需要一些时间适应，但是慢慢地，孩子就能真正开心地听我说话了。如果能在孩子36个月这个黄金期努力实践，以后育儿就会变得越来越容易。

孩子偶尔会对我说，"妈妈，我爱你"，还特别认真、温柔地在我脸上亲一下。早上起床以后，孩子首先呈现给我的就是一张微笑的脸。我到现在都无法忘记孩子曾说过的一句话，"妈妈像江水"，然后他还伸出手模仿着江水缓缓流淌的样子。在三年时间里，我一直付出自己深深的爱，可我不知道为什么会被这样一句话打动……

有一次我打哈欠的时候流出了眼泪，孩子急忙帮我擦眼睛，然后说，"妈妈，是我错了"。其实他什么也没有做错。

最近带孩子去公园玩的时候，他经常学着我关心他的样子照顾其他小朋友，还跟别的小朋友聊天：聊他喜欢的东西，聊爸爸，聊妈妈……这让我看在眼里，感动在心里。

我不知道我的孩子算不算是英才，但我可以确信的是，他没有失去对这个世界的强烈好奇心。特别是当他看到昆虫的时候，眼睛就会立刻闪闪发光，所以，我们最近经常带他去爬山。

哦，对了，以前我还担心他夜里总是想往外跑会不会有问题，现在，如果我晚上有事要出去，他会为我担心，跟我说晚上不要出去。当然，我的孩子可并不是个胆小鬼。

养育孩子这件事，也成了我的成长之路。在这条路上，我有很多新发现。最重要的就是我坚信，只要有"深深的爱"，就能让孩子到达幸福的彼岸。我相信，这是一个永恒不变的真理。我也希望，这个世界上所有的孩子，都能在深深的关爱中幸福成长。

小蓝网网友　苏菲亚llmsl

06

努力妈妈的育儿修炼

我有一个32个月大的儿子。我觉得，养育孩子是这个世界上最辛苦、最困难的事，同时也是最有价值、最快乐的事。或许我是个很贪心的妈妈，我希望自己的孩子能够完美地长大。

我是那种把全部身心都放在孩子身上的妈妈，因此被朋友戏称为"热血妈妈"。孩子哪怕只是发出一点点声音，我都会立刻像离弦的箭一样飞跑过去，所以，在我们家几乎听不到孩子的哭声。

我的儿子是在16个半月的时候学会走路的。在这之前，虽然我没有表现出来，但心里非常担心，以为孩子有什么问题。孩子终于会走的那一天，我忍不住兴奋得哭了。

不得不承认，那种快乐是暂时的，孩子会走路以后，好奇心越来越强。他会拉出抽屉，把里面的东西全部拿出来，还会打破东西，到处乱画，撕书撕纸……每天家里都像刚被扫荡过一样。

但是，我并没有制止他做这些，因为我知道应该充分满足他的好奇心。本来干净整洁的家变得又脏又乱，孩子的随手涂鸦成了房间里的装饰。

趁我去卫生间的时候，孩子经常把储物箱找出来，打开盖子，把里面的东西撒得到处都是，然后自己坐到里面，开始画画。等我从卫生间出来时，常常被眼前的景象吓一跳，孩子却开心又兴奋。如果我不知道应该给孩子深深的关爱，我想这时候我可能会对孩子大呼小叫。现在想想，那些其实都是孩子正在成长发育的表现。

我的孩子大概算是性格比较固执的，从用勺子到穿衣服，每件事都想要自己来。虽然这样会把饭粒弄得到处都是，但我的选择依然是，孩子想做什么就做什么。

另外，我化妆的时候，孩子会站在一旁模仿我的样子；我扫地的时候，他会抢笤帚要让他扫；我刷碗的时候也是如此。看到他抢着帮忙，我有一种很幸福的感觉，虽然他"收拾"过的地方会变成一个战场。

30个月以后，我的孩子到达了反抗期的高潮阶段，不管做什么都很不高兴。有一次我们要去爷爷奶奶家，可他固执地就是不肯换衣服。如果是别的父母，一定会强迫孩子换好，然后带他出门，但是，我选择继续耐心地说服孩子。事实证明：接纳孩子的情绪，真的不是一件容易的事。有时明明告诉他不要跑到马路上，可他好像没有听到似的。当然，这时候一定要先把孩子带到安全的地方。就算孩子大哭，也是先把他带开，然后再慢慢告诉他为什么不能跑上马路。

也许是因为我的不懈努力，我的孩子注意力集中，求知欲也很强。一件事情，只要开始做，就一定坚持把它做完。玩拼图的时候，他一定要完全拼完才肯起身去做别的。画画的时候，孩子只要拿起画笔，至少要画上两三个小时。最近，他开始对火车感兴趣，而且只看与火车有关的书，还喜欢到外面去看真正的火车。他总是不断向新鲜的东西挑战，再挑战，直到能充满自信地把它做好。

我并不认为自己是一个完美的妈妈。但我会因为认识到自己作为妈妈还有很多不足而不断看书学习。因为我觉得"小蓝教育法"真的很棒，所以会认真地学习，并将其付诸行动。我知道在孩子的立场上，那种深深的关爱有多么重要，所以，我努力让孩子感受到我的爱。

我觉得，养育孩子如同修炼。孩子会让我产生想流泪，甚至令人窒息的幸福感，虽然有时也会感到很辛苦，但还是会无比珍惜与孩子的这种亲密关系。关注孩子的优点，并鼓励和称赞它，为孩子高兴的事而高兴，努力理解孩子的感觉和情绪，这就是一种深深的关爱。

我还注意观察，我的孩子与别的孩子有什么不同，他的性格是什么样，喜欢玩什么，喜欢看什么书等。我一直在这么认为：要想关怀孩子，首先就应该了解孩子。把孩子看作一个独立的人格体，尊重孩子的特质……我认为这也是关怀。

小蓝爸爸的这本书我读了很多遍，每次读都有新的认识和感觉，也不断被这本书感动，不断与它产生共鸣。我还提前阅读比孩子年龄大几个月的那部分内容，这就让之后的育儿活动变得非常顺利。

哦，我忘了说我丈夫的事了。我有一次听小蓝爸爸的讲演录音一直到凌晨都没有睡，被丈夫看到，他嘲笑我是不是太狂热了。我丈夫每次上厕所的时候都习惯带一本书，有一天我看到他拿进去的书是小蓝爸爸的这本书。后来我发现，丈夫比我还要狂热。他还把小蓝爸爸的录音带到车上，很认真地收听。我知道，丈夫也很想把孩子培养成才。"幸福的英才来自父母不断地学习以及深切的关怀和爱护"，小蓝爸爸的这句话，让我知道了父母的作用有多重要。为了成为更好的父母，我们俩都会继续努力读书，努力学习的。

小蓝网网友　蓝色玫瑰bluerose

07
假如时光能够倒流

生第一个孩子的时候，我没有任何心理准备，一直在上班。后来，我在怀孕9个月的时候辞职了，然后生下了我们的第一个孩子。

孩子8个月的时候，我接到原来公司的电话，问我是否愿意重新上班，还给我增加了薪水，我当然毫不犹豫地答应了。

可是，这样一来，照顾孩子就成了大问题。因为当时已经结束了7个月的母乳喂养，我把孩子送到了托儿所。我希望能找到一个真正用心照顾孩子的地方。所幸我们遇到了一位很好的老师。每天早上7点30分我把孩子送过去，晚上7点30分再把孩子接回家，孩子每天要在托儿所里度过12个小时。在那里，孩子们都把老师叫做妈妈。

上班以后，每天回来还要做家务到很晚，孩子夜里有时会哭闹……这一切让我感到很疲惫。当孩子夜里哭闹的时候，我有时甚至会因为烦躁打孩子几下。而且，上班以后，我几乎没有了和孩子一起玩的时间。当孩子哭闹、耍赖或者不听话的时候，我也会打他打得很重，因为很担心他变成坏孩子。

孩子马上要两岁了，可是他还不怎么会说话。一直到三岁的时候，我的孩子还不能说一个完整的句子，只会说"水、饭、点心"等单个的词语，不会在前面加上"给我……"或者"我要吃……"。到了三岁的时候，大小便还要在半强迫的情况下才能自我控制。一直到这个时候，我还没有意识到，应该为孩子做些什么。

孩子快39个月的时候，我再次辞职，因为当时又怀了第二个孩子，害喜非常严重，根本没法正常上班。

这时候的老大，只要一看上电视，旁边不管发生什么都不关心。看样子在托儿所里，老师经常让孩子看电视。常常是，我步行去市场买完东西回来，出门前就在看电视的儿子仍然坐在电视机前面。做家务的时候，我会主动给他打开电视，那时候，我觉得孩子的专注力真是惊人。

可是后来，我从各种媒体中知道了"电视机综合征"这个词，才发现原来我的孩子早已经患上了这种病。我当时的感觉如同挨了当头一棒。看来，孩子说话晚多半也是因为过多看电视造成的。虽然从很早以前我就知道书籍的重要性，但那些观念都只停留在脑子里，没有付诸行动，这让我深感后悔。

现在我可以留在家里了，于是开始给他读书，陪他一起玩。

开始的时候，他几乎没有什么反应，但我并没有放弃，继续不断给他读。慢慢地，我终于看到了一些反应。后来我就生下了老二。在养育老二的时候，我体会到了很多，一想到在孩子最重要的发育时期我把他送进了托儿所，便会对老大抱有深深的歉意。

当老二也到了老大上托儿所的月龄时，那种自责便不断地涌上我的心头。从老大小时候我就开始写育儿日记，现在回头去看那些文字时，对老大的愧疚常常让我无法控制自己的泪水。在他最需要妈妈的时候，我这个妈妈却完全忘记了自己的本分。

为了弥补老大没有得到的那些爱，我付出了很多努力。可是这时候，孩子已经不再按照妈妈所希望的成长了。他的性格很内向，喜欢一个人玩，情绪起伏很大，跟同龄的小朋友在一起也表现得很不合群。就在我既担心又不知该如何是好的时候，我知道了小蓝网，开始尝试给孩子小蓝爸爸所说的深深关爱。

现在，我向孩子表达爱意的情况越来越多，我尊重他们的想法，开始把孩子作为一个独立的人格体看待。认真地给他们读书，即使正在做家务，如果孩子需要，我也放下所有的事情，立刻走过去。

老大是男孩子，对恐龙、动物、昆虫等表现出了浓厚的兴趣，于是我就带他去书店，让他自己挑选喜欢的书，还经常带他去后山捕捉各种昆虫。我本来是个一看见虫子就尖叫的人，现在却可以带着孩子趴在地上捉蚯蚓、鼻涕虫、瓢虫……当听到老大兴奋地说，"妈妈，太有意思了，太好玩了，我明天还要来！"欣慰和幸福的感觉立刻充满我的心。

每到周末，我们全家一起去爬山。因为我觉得，爸爸也应该承担一些育儿的职责。能跟爸爸一起做各种运动，孩子们都很兴奋。虽然还爬不了陡坡，但孩子们还是会很认真地徒步往返两个小时，在山路上听小鸟的歌声，看各种昆虫的活动。

　　老二现在也已经四岁了。她的成长环境和老大完全不同。每次想到这个，对老大的那种愧疚就又涌上来。老二的性格也和哥哥有很大差别。因为是女孩，本来各方面的发育就比较快，在她身上，语言和理解力的发育尤其突出。老二的认知能力很强，跟别的孩子相处融洽，甚至还能跟哥哥的朋友玩到一起。老二是这样一个女孩子，意志坚强，有自己的主张，但又不固执，与谁都能保持良好的关系。

　　如果时光能够倒流，我想我当初一定不会那样对待老大。作为妈妈，一定要怀着一颗真心给孩子充分的爱与关怀。虽然时间不能退回去，但我会一直努力，直到心里的那份愧疚消失为止。让我感到高兴的是，老大已经有了很大的变化，开始喜欢看书，也慢慢地能对朋友敞开心扉了。

　　以后，我一定要做一个只要孩子需要，就随时出现在他们身边的妈妈。

小蓝网网友　大雨jkh7524

08

去实践那种深深的关爱吧

一个小婴儿，尿布没有湿，没有不舒服，肚子也不饿，如果这时候哭了，就表示他（她）提出要求，"妈妈，我对这个世界真好奇呀。我现在很无聊，妈妈，请你看看我的眼睛，给我唱首歌吧，或者给我再讲讲我在你肚子里时就听过的故事吧"。

我非常确信，孩子的哭声就代表了这样的意思。所以，这时候我会找回怀孕时的那种心态，站在孩子的立场思考问题，努力带给孩子深深的关爱。现在的我，是一个38个月龄女孩的妈妈。

只要是孩子希望的，我都会尽力满足她。女儿很喜欢看书，而我，只要一拿起书，就忘了劳累，任何时间，任何地点，都认真地读给她听。我在孩子经常玩的地方，睡觉的地方都放了很多书，为她营造了一个随时都能接触到书的环境。现在，看书已经成了女儿的一个习惯，和吃饭、睡觉一样。无论多累，如果没看书就睡着了，睡一会儿后她会坐起来说，"妈妈，没看书，你给我读书。"每次她看书、玩积木、画画的时候，我都尽量为她创造一种安静的氛围，不打扰她。这样做的结果是，女儿能够很好地集中注意力，具有很强的观察能力。

另外，如果孩子什么事都想自己做，无论需要多花费多少时间，都要耐心地等待。除了等待，还要通过鼓励给孩子自信，"你一定行的，慢慢来就可以了，你没问题的"。当孩子要做一些她无法完成的事情时，可以跟她说，"妈妈帮你一点点小忙"，以此培养她的自信。这样，即使遇到一些困难的事，孩子也会认为"我一定能行"，并愿意接受挑战。

在公园玩的时候，如果孩子想从梯子爬到一些比较高的地方，我就跟她说，"你是很想上去，是吗？你害不害怕？你只要一步一步，两手扶好，这样爬就行了。下来的时候也是一样，不用害怕"。孩子听了我的话，就很小心地爬上去又爬下来。当孩子在玩耍中受伤的时候，我会跟她说，"很疼吧？快过来，妈妈帮你揉揉。摔倒了是不是很疼？下次一定要小心一点"。这样一来，孩子反而安慰妈妈，长大后要成为一个心地善良的人。

我还把各种东西都摆出来，然后告诉她，"这个是你的，这个是妈妈的，这个是爸爸的，这是我们的"。这样教她了解所属的概念。每次我要动她的东西时，都先问她，"我可以拿这个吗？"当她想要动我的东西时，也会学着我样子问，"妈妈，我可以拿这个吗？"

我带女儿去朋友家玩，她也先问，"这个能不能动"，然后才去拿。当有别的小朋友到我家来的时候，她会上前把小朋友拿她的东西抢回来，大声说，"这是我的"，还寻求我的帮助。这时候，我就告诉那位小客人，"这个不是你的东西，在动不是自己的东西时，一定要先问问东西的主人"。然后那个小朋友就问女儿，"我可以拿这个吗？"女儿立刻笑笑说，"可以"。遇到这种情况，大部分妈妈可能都是先责备自己的孩子，认为孩子不该把东西从客人手里抢过来。但是，如果换个角度，就很容易理解孩子了。

　　当我不在她眼前的时候，女儿总认为我完全消失了。每当这种时候，我都告诉她我的位置以及我在干什么，"妈妈去厨房喝水，很快就回来，你等我哦"。回来以后我也不会忘记跟她说，"谢谢你等我"。孩子等待一分钟相当于大人等待十分钟，也是很不容易的，当然应该称赞孩子一下。以后，我会故意拉长让她等待的时间，现在即使我去楼下的超市买东西，女儿也会一边看书一边等我。当我想出去活动活动的时候，她就说，"妈妈，你去吧，我自己玩"。

　　为了不忘记与孩子的约定，我把约定写在便笺纸上并贴在显眼的地方，努力遵守约定。没有钱的时候，我会告诉她，"现在没有钱，钱是要爸爸去公司上班才挣回来的，等爸爸把钱挣回来以后再买"，或者说，"钱是爸爸从早到晚辛苦工作挣来的，我们应该珍惜，买东西之前，一定要多想想是不是真的需要"。

　　这样一来，每次去市场的时候，女儿都会问我，"妈妈，你带钱了吗？"然后我就说，"我们今天是来买鸡蛋，我只带了买鸡蛋的钱，你有什么想买的吗？"她的回答通常是，"没有，妈妈，我们走吧"。回到家，爸爸问她的时候，她说当时很想买点心吃。

女儿很想要一双轮滑鞋。我跟她约好，"你现在三岁，等你六岁的时候就给你买。"偶尔，她就大声而骄傲地告诉别人，"我现在四岁了，妈妈说等我六岁就给我买轮滑鞋。"等她到了六岁，我一定会立刻买给她，我也相信，我有一个也很懂得守约的孩子。

去餐厅吃饭的时候，我就告诉女儿，"这里是公共场所，公共场所就是有很多人的地方。在公共场所里不能妨碍别人，应该安静地坐好吃饭，你能做到吗？来，跟妈妈约定。"通常，我都提前告诉孩子今天要去哪里，要做什么。对于不久要发生的事情，如果一无所知，孩子很容易感到紧张。所以我一般详细地告诉她，要去哪里做什么，那里是什么样的，会有些什么样的人等。当然，有时也会把要去哪里的选择权交给孩子。

我还经常特意安排一些爸爸和孩子单独在一起的时间。我准备晚饭的时候，就会跟丈夫说，"我现在做饭，你带孩子去公园玩一会儿再回来，好不好？"通过这样的方式给他们制造两个人独处的机会。在丈夫表现出不满之前，我多多制造这样的机会，让丈夫能够了解，我并没有独占孩子。这是非常重要的。

我每天都告诉丈夫，今天和孩子在一起都做了什么，孩子又说了什么特别的话，做了什么特别的伙食。我还会把孩子搭的积木、画的画给丈夫看，让他也多多给孩子称赞。这样一来，孩子很高兴，丈夫能够了解到孩子的成长变化，当然感到很愉快。

当孩子对一些事情产生疑问，跑来询问的时候，爸爸妈妈都要诚实地回答，如果不知道就坦白地说不知道，然后和孩子一起去书中找答案。这样做可以很好地促进孩子的智力发育。

在养育孩子的时候，有时还是难免对孩子发脾气，或是大声嚷嚷几句。对孩子发完脾气以后，待心情平静下来，我就立刻跟孩子解释刚才为什么那样，向她道歉，告诉她妈妈依然很爱她，并给她一个拥抱。睡觉之前，我还会再次跟她说，"刚才妈妈发脾气了，真的很对不起，妈妈爱你"。这样做，就可以把孩子内心受到的伤害降到最小。

所谓关爱，并不是无条件地满足孩子的一切要求。从孩子的立场考虑也应该拒绝，就应该断然拒绝。当孩子会伤害到别人，或做一些危险的事情时，要低声但很严肃地告诉孩子为什么不能那样做。

另外，这种深深的关爱，如果只体现在孩子身上，并不会有明显的效果。只有夫妻之间也相互关心，相互尊重，孩子才能够在完整的关爱中长大。

让孩子亲身实践那种深深的关爱，孩子回报给你的，将是这个世界上最美丽、最幸福的笑容。

小蓝网网友　边西尹妈妈songhi73

父母深深的关爱，很自然地让孩子独立起来，孩子的社会性也变得越来越好。

09 怎样才能成为好妈妈

妈妈到底应该是做什么工作的人呢？嗯，这个人应该是把全部心思都放在孩子身上，不停地逗孩子开心，还要给孩子读书，让厨房总是飘出饭菜的香味……

我的女儿西莲已经25个月了。不久之前，小蓝的父母来到我们的家乡演讲，让我因此对育儿产生了极大的热情。小蓝爸爸说不必刻意让孩子过早学习识字，于是我就更多地带女儿做游戏，结果女儿一周内轻松地学会了40个词。我没想到孩子身上竟然蕴藏着如此大的潜力。

我认识小蓝网大约是在女儿百天的时候，当时并没有特别在意，因为那时候我整天忙于在各网站购买婴儿用品。当那些儿童滑梯、各种玩具、保温瓶等送到家里的时候，我丈夫说，如果这些东西可以帮助带好孩子，就继续买吧。

我是家里的长女，下面还有四个弟弟妹妹。生下西莲以后，妈妈对我说，"把孩子养好比过好日子更重要，那些家务活晚点儿做也不会怎么样。"。这些话让我决定，一定要对孩子倾注全部心血。

开始的时候，我觉得养孩子真的是很辛苦，也很寂寞。孩子的爸爸是消防员，每天都非常忙。休息的时候，也总是跟我讲他工作中遇到的被烫伤的孩子、猝死的孩子等，让我听得心惊肉跳。我总是不由自主地担心，万一孩子夜里突然生病怎么办，并开始购买各种各样的育儿书，希望能从中找到答案。

西莲百天的时候，朋友送给我10本书，我的育儿生活就是以这10本书为基础展开的。我经常抱孩子，每天都努力跟她说话，"我们该吃饭了，但我们先要擦擦桌子"。19个月大的时候，西莲自己说出"妈妈，我现在用布擦桌子"时，我真的大吃一惊，"真是种瓜得瓜，种豆得豆啊"。

西莲的身体发育比其他孩子略晚一些。邻居家跟她差不多大的孩子都已经会翻身了，西莲还只能躺着玩。西莲会坐也比别人晚。20个月的时候，其他孩子的牙都差不多长全了，西莲却只长了四颗，这让家里人都非常担心。小姑子家的孩子9个月就会走路了，小姑子也经常会问我，"西莲还不会走路吗？"每当这时候，我都会暗暗跟自己说，"妈妈相信你，妈妈会一直等你"。后来西莲终于可以自己坐着了，我激动得紧紧把她抱在怀里。

16个月的时候，西莲表现出对数字的兴趣，我就用卡片教了她几天，乘电梯的时候，我也告诉她这是什么数字。看到西莲逐渐能读出1~10，我更加确定了自己的想法。17个月的时候，西莲说"爸爸，那里有一团云彩"，表现出了很好的语言发育水平，女儿说出"云彩"这两个字着实让我吓了一跳。虽然之前我曾经跟她说过"云"，但从来没有说过"云彩"这个词。丈夫很自豪，说一定是孩子自己看电视的时候学会的。

孩子19个月之前，我一直坚持母乳喂养，我要求自己尽量不吃药，也不烫头发。就这样，很快就迎来了西莲的第一反抗期。她的生活开始日夜颠倒，她疯狂地爱上玩水，可以在水龙头那儿待上两个小时不动窝。开始的时候，我还用疼爱的目光在旁边看着她，问她，"感觉怎么样？冷不冷？"可30分钟以后，我就失去耐心了。到最后，只能用警察叔叔吓唬她，哄她离开那里。

那段时间女儿的变化让我感到措手不及，虽然几乎每天24小时都在她的身边，可我根本无法适应她的那些变化，甚至一度对育儿都失去了自信。丈夫略带质疑的目光也让我感到很难受。就在那时候，我认真读了小蓝爸爸的这本书。它如同一道光，照亮我黑暗的世界，我开始一步步按照书中所说的去做。

孩子表现出反抗期的典型特征，说明她正在健康成长。于是，我不再天天要求她，而是给她充分的关爱，充分的理解。孩子的反抗期对我来说再也不是问题。我开始学着用语言解决所有的问题，孩子的智力和情感都有了明显的进步。

可是，有时候这种深深的关爱也会让我感到为难。在婆婆家吃晚饭，西莲不停地扒拉桌子上的菜，我看得出大家的眼色都是什么意思。

"西莲，不要那样，不可以那样……"

听到妈妈说出在家没有说过的话，西莲显然有些奇怪，或许是觉得自己得到了大家的关注，扒拉得更带劲儿了。这时，公公说话了，"不要再那样了。铺张报纸，带西莲到旁边吃！"我还能说什么呢？我铺好报纸，带着西莲在一边把饭吃完。我的心情很微妙，但西莲似乎很高兴，还一直在叫。

到目前为止，我从来没有和西莲分开过。让我感到惊奇的是，最近当我有时必须离开她一会儿的时候，她并不会因此哭闹。即使是和不经常在一起的奶奶或来串门的邻居在一起，当我说，"妈妈要去倒垃圾，一会儿就回来"时，她的回答也是，"妈妈，你要小心，外面有很多车，早点回来"。

多么可爱的孩子！在西莲身上，我看到了在信任、等待和关爱中长大的孩子是什么样的。父母深深的关爱，很自然地让孩子独立起来，孩子的社会性也变得越来越好。

对孩子的这种关爱让丈夫也发生了变化。现在他比我还要关注孩子的每一个要求，哪怕只是很小的要求。我希望孩子成长的过程中不是只有我的爱，而是让西莲在爸爸和妈妈的爱中自由成长。我坚信，这种深深的关爱会改变一切，会让孩子幸福长大。

我的生活从来没有像现在这样忙碌，我也从来没有像现在这样勤奋，当然，我也从来没有像现在这样幸福！

小蓝网网友　西莲公主euna3462

这个小人儿的人生掌握在我的手中，这让我感到了沉重的压力。

10

认识"小蓝网"，是我人生最大的幸运

"认识小蓝网，是我人生最大的幸运"，写下这句话时，我没有任何犹豫，因为孩子的爸爸、我以及孩子，每天都过得很幸福。

很多人从怀孕时就认真进行胎教，我因为一直上班上到最后一个月，所以胎教这种事，连想都没有想过。那时候，我还一度认为孩子会成为我人生的绊脚石，甚至认为孩子会断送掉我的生活。每天上下班的路上，我都会故意跑几步。上楼的时候不乘电梯，而是爬楼梯，我的想法是，说不定再上一级，孩子就没了。

就这样，我在没有任何学习，也没有任何准备的情况下生下了孩子，并因此陷入到忧郁和绝望之中。坐月子的时候，我每天都在扳着手指计算哪天能重新回去上班。突然有一天，我的孩子看着我，四目相对的时候，他忽然笑了。那笑容最终让

我打消了上班的念头。

尽管如此，育儿对我来说，仍然不是一件愉快的事。就好像一个喜欢四处跑的人每天被关在家里一样，在我看来，育儿无疑是一种煎熬。而且，这个小人儿的人生掌握在我的手中，这让我感到了沉重的压力，甚至让我有时喘不过气来，因为这件事不能在失败或做错的时候重来。

那段时间，每天夜里丈夫和孩子睡着以后，我都走到阳台上，捶胸顿足，撕扯自己的头发，甚至抑制不住自己的情绪大哭一场。

可是，就在我知道小蓝网的那天，如同被锤子重重地砸了头一样：展现在我面前的，是一个我从来没有听过和看过的世界。在那一刻，我觉得自己几乎要窒息了。那之后一个月的时间，我都流连在论坛里，对"小蓝教育法"的学习，也是从那时开始的。

可以说，是小蓝爸爸的这本书让我学会应该如何面对孩子，教我如何发现孩子眼中的世界。它还告诉我如何看孩子的眼神，如何读懂孩子的内心世界。它告诉我应该和丈夫一起，共同关注孩子的成长，我们三个人是一个整体，应该一起享受快乐。

最重要的是，这本书让我了解了孩子的发育阶段，知道了孩子在不同阶段的特点。当孩子表现出那些特征时，我便坦然而欣喜地接受，"啊！我的孩子又长大了。这个阶段应该不会那么快结束，不过，我会耐心等待"。

书上说，孩子36个月之前，妈妈应该成为孩子的好朋友，经常带他和同龄的孩子一起玩。对此，我起初不以为然，觉得不需要经常，一个月一次也可以。可很快我就发现了问题，我的孩子喜欢跟比自己大的孩子玩，看到同龄的孩子，他会很抗拒，甚至身体发抖，哭闹不止……看图画书的时候，孩子会有这样的反应，"我不喜欢朋友，朋友会打我。妈妈，你也去打他。"

到这时候，我才感到后悔，我开始经常带孩子外出，并随时关注他的眼神，努力感受和接纳他的一切想法。"世界上的幸福都属于浩秀，这个世界上所有的祝福都给浩秀"，看到家里的东西，我都会说，"这个是浩秀的，任何人都不能随便动，因为它是浩秀的……"虽然有些人认为这样会让孩子养成坏习惯，但我并不那么想。我相信，只要给孩子充足的爱，他一定会很自然地懂得分享……

最近，除了特别珍爱的东西外，浩秀都会与别人分享。当他很想要别人的东西时，他会拿着自己的玩具与对方交换。如果对方不肯，他就拿来更多的玩具交换。

得到关爱的孩子，也会懂得去关爱别人。最近，孩子经常会把"谢谢"和"对不起"挂在嘴边。"妈妈，谢谢你给我读书""妈妈，谢谢你给我做饭""妈妈，谢谢你给我剪指甲""妈妈，谢谢你帮我擦屁股""妈妈对不起，我把水洒到地上""我把爸爸吵醒了，对不起"……在路上不小心撞到别人时，他也会说，"叔叔，我撞到你了，对不起"。

现在带孩子去餐厅，我也可以轻松地吃饭了。他不想吃了，想让我跟他玩的时候，我会跟他说，"如果妈妈不吃饭就没有力气，就没法陪你玩。等妈妈吃了饭有了力气，就会跟你玩很久很久。妈妈吃饭的时候，你能等妈妈吗？""能！"然后，我吃饭的这段时间，孩子就在门口又唱又跳，乖乖地等我。

出门的时候，我会跟孩子说，"妈妈要洗干净脸，换好衣服才能出门，你能等我吗？"然后他就等我，不哭闹，自己跑去看书，或是玩一会儿玩具。在出门的时候，我也不会忘记跟他说，"谢谢你等妈妈"。虽然是一个小孩子，但是我跟他说话的时候，尽量使用敬语，把他当作一个成年人对待，也不会忘记对他说谢谢和对不起。即使是很小的事情，我们也遵守约定。

读书的时候，如果书中出现哭泣或者摔倒受伤的场面时，我会伸手摸摸孩子的头，在他耳边轻声低语，"妈妈爱你，妈妈爱你"，给他抚慰。现在看到有人受伤或是哭泣的时候，他也会很伤心。他似乎已经有能力体会和了解别人的情感了。

因为工作关系，丈夫每天要很早就起床。我儿子很喜欢爸爸：喜欢跟爸爸一起玩，黏在爸爸身边。当我告诉他，"爸爸明天要为了我们的家去努力工作，所以现在必须休息。我们去外面，妈妈陪你玩。"然后不用我说，孩子就轻轻地帮爸爸关上卧室的门。有时，他会站在卧室门前默默地掉几滴眼泪。他知道应该让爸爸休息，可心里确实又很想和爸爸一起玩，看到孩子可怜的样子，我就更卖力地陪他玩。

我一直在努力，尽量站在孩子的立场思考问题，用孩子的眼睛去看这个世界。这样一来，我和孩子之间，几乎不会产生矛盾，所有的事情都可以通过对话解决。更多的时候，我跟孩子都是像朋友一样相处。无论是吃药还是刷牙，只要我告诉他为什么要那样做，为什么不能不这样做，所有的事情，他都表现得很配合。而且，孩子的整个成长的过程也变得很轻松，很顺利。

我的小人儿让我的生活更加丰富和美丽。我为什么没有早些认识到这一点呢？我很感激小蓝的爸爸妈妈，是他们让我在那些美好时光没有全部流走之前明白这一点。对我们夫妻来说，知道小蓝网，是我们人生最大的幸运，因为有了它，就算我们物质上并不丰富，可是我们的精神生活一天比一天丰富。

小蓝网网友　漂亮的浩秀妈妈hijuria

我难以用语言形容第一次与孩子面对面时的那种喜悦、激动，以及一些很复杂的感情。

11

我不再是以前那样的爸爸

从来都没想过结婚的我，现在竟然还有了孩子。我想这一定是上天给我的祝福。我很小的时候就和父母分开了，一直在奶奶身边长大，一直到上高中，才和父母生活在一起。可能因为从小没有和父母在一起生活过，我对他们的感情并不深，并因此感到彷徨。我也并不想通过结婚把另一个人拉进我黑暗的生活中。

但是，大学三年级的时候，我遇到了如同太阳一样的她。那灿烂的笑容让我见过一次之后就再也忘不掉——那笑容就是我生命中的阳光。她是我的初恋，与她结婚之后，我才感受到人生的价值与幸福。当然，我们也会有争吵，但是，感情内敛的我从来没有想到要对她发脾气。

我们生活得很幸福，但我们的经济状况一直不太好，也是这个原因，我从来没有想过生孩子，因为我根本没有自信负担一个孩子。

结婚四年以后，我们还是有了一个可爱的儿子。我难以用语言形容第一次与孩子面对面时的那种喜悦、激动以及一些很复杂的感情。虽然已经当爸爸了，我却没有做好准备。不过，妻子好像天生就是一位母亲，面对突然到来的这一切，她很坦然，而且处理得很好。

妻子在怀孕的时候就知道了小蓝网。她总是让我给她读书听，并且说肚子里的孩子也会听到。这种习惯，我们一直保持到孩子出生以后。妻子通过上小蓝网，列出需要的图书目录，却从来没有要求过我给她买。她不断地增加这个目录，然后到各网站上找相关的内容，打印出来贴在墙上。一方面，妻子对教育孩子有很多独特的想法；另一方面，妻子或许还怀着一种"恻隐之心"。因为经济方面的原因，就算想买很多书，她也从来没有对我提出一句。

有一天，妻子买了小蓝爸爸的讲演录音带，并让我跟她一起听，可我因为太忙拒绝了妻子。妻子没有再多说什么，只是一个人拿着随身听认真地收听起来。后来，妻子把随身听放进了我的公文包。我也没来得及多问，就匆匆地拿着包出门上班了。当然，在上班的路上，我并没有听。

就在那天中午，我接到了一个陌生人的电话，他说他的车把我的妻子撞伤了。听到这个消息，我觉得如同天崩地裂一般。所幸，妻子的伤势不重，在医院住了三个星期就出院了。在那段时间，照顾孩子的任务就全落在了我的肩上。

在照顾孩子的这三周时间里，我总是回忆起自己的童年时代。那是一个非常孤独的童年，我日夜思念着爸爸妈妈。我没有对任何人说过，但我最珍贵的一张照片，就是我嘴上常说的最讨厌的与爸爸的合影。现在，我也成了爸爸，可是现在的我和当年让我又思念又怨恨的爸爸，又有什么区别呢？总是以工作忙为借口，不与孩子沟通，不陪伴孩子，不让孩子知道爸爸原来也很爱他。妻子住院后第二周周末，我把孩子哄睡以后，开始整理公文包，突然看到了妻子放进去的随身听。我想也没想，立刻戴上耳机，开始收听小蓝爸爸的讲演。

我不知道自己为什么会流泪，或许是因为我终于明白，自己不肯多亲近孩子，并不单单是为了工作。当我把整盘磁带都听完，又打开之前妻子整理的那些图书目录和内容认真看起来。

妻子出院回家的那天，站在玄关，一脸惊诧的表情，"这是怎么回事？"

"这些都不是买的，是我四处搜罗来的，有公司组长的，还有同事的。我把你的目录给组长看了，然后她就动员公司的女同事，把家里不看的书都送过来了。不过对不起，这都是些旧书。"我很不好意思地说。

我看到妻子哭了，其实我也很想哭。我为自己之前的行为感到很惭愧，也为不能给妻子和孩子买一本新书而感到很抱歉。

但是，从那时起，我不再是以前那样的爸爸和以前那样的丈夫了。我坚信，就像小蓝爸爸说的，孩子真正需要的，不是大笔的金钱，而是来自爸爸和妈妈的爱与关怀。

小蓝网网友　奈尔非nelphy

蒲公英有长长的根须，在寒冷的冬天也可以生根、发芽，即使是在寒风中也能活下来。

小蓝的父母请看

  我是一个睡眠严重不足的妈妈，每次哄孩子睡觉的时候，我都会跟着他一起睡着。我们家的小博士，患有严重的过敏症，一次睡眠从来没有超过3个小时。从出生开始，孩子的过敏症就很厉害，现在我们对他的过敏症都已经习以为常了。每天睡觉之前，我们家都跟打仗一样，正是因为有小蓝父母的话语，我才支撑到现在。

  怀孕之前我就知道了小蓝网，它还帮助我克服了"产后抑郁症"。我们家的小博士从过了百天以后，就开始与严重的过敏症做斗争。严重的时候，整个小脸上都发炎、化脓。如果没有小蓝爸爸的书，我真的不知道该怎么度过那段时间。

  抱着每隔5分钟就醒一次的孩子，我给他喂奶，给他唱歌，希望他多睡一会儿。每个凌晨，我都不停地为他抓痒，甚至有时抓到流血，可他似乎还是很痒。这让我一度很担心孩子会不会出现了精神方面的问题。面对这样的情况，我并没有哭，因为妈妈哭，会让孩子更加不安。小蓝爸爸说过，应该给孩子深深的关爱，所以我就好像接受到圣旨一般，真的那样做了。

通常孩子感到害怕的时候，我就用带子把他绑在胸前，在屋里走来走去。去市场的时候，我也是直接抱着他，而不是把他放在婴儿车里。去银行、医院，甚至上厕所的时候，我都会像个袋鼠妈妈似的抱着孩子。现在孩子已经20个月了，抱在前面不方便，我只能是把他背在后面了。不过这样一来，我就没法随时亲他了，多少还是有些遗憾。现在，我的宝贝已经长大了，可以像个大人似的跟我说话了。

我婆婆也说，她一辈子带大了十多个孙子孙女，这样的孩子却是第一次见。但是我的儿子很乖，而且很会说话。每次去婆婆家的时候，他都很讨奶奶的欢心，他说，"妈妈你走吧，我要和奶奶住"。如果我去市场，让他和奶奶待一会儿，他就跟我说路上小心。

从孩子过了百天以后，我几乎没有睡过一个好觉。养育孩子不是一件容易的事，孩子因为严重的过敏无法入睡时，守护在旁边的妈妈的痛苦更是无法言表。但是我想，与妈妈承受的痛苦相比，直接受到过敏折磨的孩子，一定更加痛苦。面对连大人都难以忍受的痛苦，我的孩子已经表现得非常棒了。

我对孩子说，"你是一个小天使，把那些痛苦都忘了吧，妈妈会一直守护在你身边！"

事实上，我真的很想哭，可我只能在孩子入睡以后才敢哭，"对不起，对不起，我的宝贝！妈妈没有办法帮你减轻痛苦。你一定会成为一个像蒲公英一样坚强的孩子——蒲公英有长长的根须，在寒冷的冬天也可以生根、发芽，即使是在寒风中也能活下来。我爱你，孩子，不管到任何时候，妈妈永远都爱你！"

那一刻，我很想亲亲他的小脸，但是孩子的脸在发炎，不能亲。现在，看着孩子健康红润的脸蛋，我真的感到无比幸福。

之所以能熬过那些艰难的日子，是因为小蓝的父母一直站在我的身后。

妈妈曾经这样说，"虽然你是我的女儿，可我还是要说你真的太棒了，几年都没能睡个好觉，能忍受这么多年，母爱真的很伟大……"

可我在心里说，"不是的，妈妈！其实我本来什么都不懂，我都是照着书上说的做的，就像一个听老师话的好学生一样。累的时候我也很想发脾气，也很希望这一切能快点儿结束。但当我粗暴地对待晚上哭闹的孩子时，我会感到深深的自责，那种歉疚的心情就像一块巨石一样压在我的心上。我会对孩子感到非常抱歉……"

我很想让你们看看，我的孩子现在有多么善良和快乐。有时我累了，他就过来帮我拍拍后背，就好像我以前对他做过的那样……从孩子那里得到的这种关怀让我非常感动。

希望两位的身体健康，为了孩子，希望小蓝网越来越好，祝你们幸福！

小蓝网网友　nj2004 epui25

会爱的父母养育闪光的孩子
畅销韩国的"小蓝爸爸深爱育儿法"

我和妻子的原则：
深深的关爱造就幸福英才

如果照本书中所说的去做，我相信，你的孩子一定拥有明确的自我认识、健康的身体和坚定的性格，还有一颗懂得关怀他人的温暖之心。

在孩子从出生到72个月（0~6岁）这个阶段，如果父母为孩子打下牢固的基础，让它成为孩子智力和情感发育的契机，那么，孩子以后的成长会在这个基础去自然发展。除了父母深深的关爱作为孩子成长的基础，孩子还需要父母不断为孩子注入勇气和力量。

我和妻子养育儿子小蓝和小绿的基本原则，就是深深的关爱。无论小蓝和小绿长大后成为什么样的人，我们都相信，他们一定能得到周围人的喜爱。因为我们给他们的爱，一直都是充足的。回顾过去的日子，虽然我们在育儿的路上也有很多失误和后悔，但对给子女的爱，我们没有任何后悔。

现在，我很想把这种爱传递出去，除了我自己的孩子，我希望这种爱可以传递给每一个孩子。30年后，我们的孩子将成为这个国家的栋梁。他们，必将开创一个比我们的生活更美好的崭新的世界。

我们的孩子是未来的主宰，他们会创造一个相互关心、互相爱护，没有暴力的世界，并把它变成一片乐土。每次看到这些未来的主人翁以及他们的父母，我都感到充满希望。

给我最爱的两个孩子
——小蓝和小绿

我亲爱的小蓝和小绿，只要看到你们两个，即使不吃饭，我也不觉得饿。我不知道该怎样表达爸爸对你们的爱：无论我身在哪里，心里都会想着你们，想你们正在做什么。如果离开你们，我无法想象我的人生会怎样。我无悔把全部的爱都给了你们，当以后你们离开我身边的时候，当我离开这个世界的时候，我想我不会有遗憾。

小蓝，用被子裹着你给你唱歌的情形，好像就是昨天。现在你已经比爸爸都高了，我终于可以像现在这样，满怀欣喜地看着你了！虽然你是我的儿子，但每次面对你的时候，我都感觉是在面对一个伟大的灵魂。有时我会忘记自己是爸爸，仿佛是在跟一个最好的朋友在交流。你从很小开始就懂得照顾弟弟小绿，因为你是家里的长子，你得到了太多人的关注，也因此而过得很辛苦。即使这样，你还知道帮助和安慰爸爸妈妈。每次看到开朗、健康的你，我都会感谢上天赐给我们一个你这样的儿子。

每次看到你痴迷于某一领域的时候，作为爸爸，我不免有些担心，可每次看到你取得骄人的成绩时，我又为你感到自豪和喜悦。现在，你已经完全成为自己人生的主宰了，而且看到你有一颗懂得关怀别人的心，对于你的未来，我不再有任何顾虑。

在我小时候，饿肚子的日子比吃饱饭的日子还多。每当看到那些家境贫苦，生活艰难的人，我总想能尽些微薄之力帮助他们。现在，学习"小蓝教育法"的人越来越多，我非常感动，觉得自己做了一件很有意义的事。

小蓝，你不仅是我的儿子，也是所有想要改变旧教育方法人的儿子，是他们的希望。无论你以后成为怎样的人，我只希望你能对社会有益，能够帮助那些受痛苦折磨的人，永远对这个世界怀有一颗仁爱之心。

我亲爱的小绿，爸爸对你没有更多的要求，只希望你能爱所有的一切。你从一出生，就得到了无尽的关爱。你能来到我们的身边，让我对上天充满感激。你是一个很聪明的孩子，无论是画画、唱歌、运动、英语，还是别的什么，都学得很快，快到让我和妈妈感到吃惊。对你这样一个孩子，我还能有什么奢求呢？

小绿，你是个幸福的孩子，因为你有三个爱你的人：妈妈、爸爸、小蓝哥哥。妈妈不舒服的时候，你安慰她，给她做吃的东西。我的二儿子，爸爸以你为傲！

因为有你们两个，我拥有了一个幸福的家。即使在爸爸处于人生最低谷的时候，我也没有失去希望，就是因为有你们的妈妈和你们两个，让我战胜了所有困难。是你们两个让爸爸变得成熟，让我知道应该怎样做一名父亲。无论我到哪里，无论我在做什么，我的爱和祝福都将永远陪伴在你们身边。我人生全部的希望与价值，就是你们的妈妈和你们两个。

我亲爱的儿子们，好好的生活吧！珍惜眼前的每一分钟，你们一定会迎来最美好、最灿烂的未来。我会一直陪伴着你们，直到永远。

孩子们，我爱你们胜过我的生命！

爱你们的爸爸

从出生那一刻开始，每个孩子的内心就蕴藏着一份独有的光芒，或许连父母都不易发觉。父母应该尊重孩子的个性，帮助孩子依靠自己内心的力量独立成长。"会爱"才能让育儿轻松，"会爱"才能让孩子优秀。